Super Rich

실전 주식투자전략

Super Rich
실전 주식투자전략

황 용(NYET, Daniel Hwang) 지음

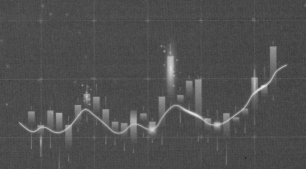

좋은땅

이 책은 필자의 첫 번째 주식 서적《주식투자로 손해 본 개미 구하기》
와 두 번째 서적《실전! 주식 투자전략》에 이어 필자의 25년째 주식투자
를 정리하는 책이다.

　주식시장에 입문하여 뉴스 기사나 소위 전문가, 재야 고수라는 사람들
의 말만 믿고 어설프게 투자했다가 많은 시간 고통스러워했던 기억에서
벗어나 이제 나 스스로 주식투자의 성공을 위해 고민하고 주식시장이 돌
아가는 온갖 생리와 거대 자본의 속임수를 깨우치게 되기까지 20년 넘는
시간이 걸렸다. 지난 시간 많은 양의 독서와 매매 경험 그리고 온갖 관찰
과 실험, 검증을 통해 어떻게 투자해야 할지? 어떤 마음가짐을 가지고 인
내하면 주식투자로 부자가 될 수 있을지? 고민해 왔다. 사실 주식투자로
가장 빠르게 큰돈을 버는 방법은 단기매매를 통해 이익 금액을 지속 늘
려 가는 것이지만 단기매매로 주식시장에서 빠르게 큰돈을 번 사람은 없
다. 개인투자자라면 누구나 단기에 큰돈을 벌어 보려고 단기매매에 도전
하고 있으나, 오히려 돈을 잃고 주식시장을 떠나는 사람이 훨씬 많다. 인
간의 본성 자체가 빨리 돈을 벌고 싶어 하고 미래의 불확실성을 싫어하기
때문에 단기매매의 유혹을 뿌리칠 수가 없을 것이다. 나에게 뛰어난 단
기매매 능력이 있다면 얼마나 좋을까? 하지만 이것은 보통의 개인투자자
가 쉽게 얻을 수 있는 능력이 아니다. 필자가 20년 이상 주식투자로 부자

가 될 방법을 고민해 보니 우리 같은 보통의 개인투자자들이 부자가 될 수 있는 방법은 뛰어난 단타 능력이 없는 한 '초장기 투자'밖에 없다는 결론을 내리게 되었다. 내린 결론이 진부하다고 생각할지도 모르지만 단언컨대 '초장기 투자'밖에 없다. 그렇다면 어떤 방식으로 '초장기 투자'하여 부자가 될 것인가? 이 책에 그 질문에 대한 대답을 자세히 기술하였다. 이 책은 주식투자가 무엇인지 모르는 주식초보자들 그리고 투자 경력은 오래되었지만, 주식투자로 돈을 잃은 개인투자자들의 잘못된 환상을 깨트리고 확실히 부자가 될 수 있는 '초장기 투자' 전략과 단기매매에 미련을 버리지 못한 개인투자자들을 위해 성공 확률이 높은 단기매매 전략을 제시하고 있다. 이 책을 잘 활용하여 많은 독자가 경제적 자유에 도달한다면 이 책을 펴내기 위해 1년 2개월간 고생하면서 연구한 필자에게 큰 보람일 것이다. 주식투자에서는 어떤 어려운 상황이 와도 '인내는 필수'다. 인내할 수 있다면 부자가 될 수 있다는 필자의 주장이 절대로 틀리지 않을 것이다. 이 책이 출간되기까지 돌아가신 어머니와 작은형님이 많은 영감을 주셨다. 두 분이 누구보다 천국에서 이 책의 출간을 축하해 주시리라 믿는다.

2022년 가을에, 사랑하는 이를 추억하며

목차

Chapter 2

성공 확률 높은 일곱 가지 단기매매 전략

Chapter 3

Super Rich 될 수 있는 장기투자 전략

Chapter 1

주식투자를 위한
기본적 지식

．．．

1장에서는 주식투자에 필요한 기본적인 지식에 대해 알아보고자 한다. 1장에 기록된 내용은 주식투자자라면 반드시 알아야 할 필수적인 것들이다. 혹시 더 자세한 설명이 필요하거나 이해가 안 가는 것들은 보충 공부를 통해 반드시 이해하고 넘어가야 한다.

1 기본적 분석 (기업의 내재가치 분석하기)

(1) 기업가치 분석을 위해 반드시 알아야 할 것들

1) 기본적 분석은 무엇인가?

기업의 '내재가치' 분석을 통해 기업의 가치를 알아내고 목표주가 및 고평가와 저평가 여부를 파악하는 것을 말한다. 여기서 '내재가치'는 기업의 자산가치와 수익가치를 합한 가치를 말한다.

2) 기본적 분석을 위해 반드시 알아야 할 용어들

다음은 기본적 분석에 쓰이는 용어들인데 많이 쓰는 핵심 용어들만 설명하였다.

기본적 분석을 하려면 반드시 이해하고 있어야 할 용어들이다.

① PER(주가수익비율)

수익과 비교해 주가가 얼마에 형성되어 있는지를 나타내는 비율로 예를 들어 PER = 10이라면 10년 걸려 투자금액을 회수할 수 있다는 뜻이다. 한국 주식시장은 오랜 기간 PER가 9배에서 13배 사이에서 움직여 왔다. PER 10배 정도를 평균으로 보고 그 이하면 저평가라고 판단하면 된다.

* EPS(주당순이익)- 한 주식당 이익

② PBR(주가순자산비율)

기업이 가지고 있는 자산에 비해 주가가 형성된 비율로 예를 들어 PBR = 1이라면 기업이 가지고 있는 자산 정도에 주가가 형성되어 있는 것이다. 만일 PBR이 0.5라면 그 기업이 가진 자산의 절반에 주가가 형성되어 있는 것이므로 상당히 저평가된 것이라 할 수 있다.

* BPS(주당자산가치)- 한 주식당 자산가치

③ PSR(주가매출비율)

매출액 대비 주가가 형성되어 있는 비율로 예를 들어 PSR = 1이라면 주당 매출액 정도에 주가가 거래되고 있는 것이다. 주가가 주당 매출액보다 낮다면 PSR은 1 이하로 표시되며 PSR 1 이하는 저평가된 것으로 볼 수 있다. 예를 들어 매출액이 100억인데 시가 총액이 1,000억이라면 PSR은 10이므로 상당히 고평가된 것이다.

* SPS(주당매출액)- 한 주식당 매출액

④ ROE(자기자본이익률)

기업이 자기 자본을 가지고 이익을 얼마나 냈는지를 나타내는 지표로 예를 들어 ROE가 10%라면 자기 자본을 가지고 10% 이익을 냈다는 뜻이 된다. 자기 자본 100억으로 10억의 이익을 냈다면 ROE가 10이 된다. ROE 10 이상이면 양호한 기업이라고 볼 수 있다.

* ROA- 자기자산 수익률(기업이 자기 자산을 가지고 얼마나 이익을 냈는지 나타내는 지표)

⑤ EV/EBITDA

기업의 시장가치(EV)를 세금 내기 전 영업이익으로 나눈 값으로 예를 들어 EV/EBITDA = 5라면 그 기업을 시장 가격으로 매수했을 때 투자 원금을 회수하는 데 5년이 걸린다는 뜻이다. PER와 비슷한 개념이지만 기업가치를 주주자본만으로 보느냐? (PER), 주주자본과 채권자 자본(타인자본)을 함께 보느냐? (EV/EBITDA) 이익을 회계적 이익인 당기순이익으로 보느냐? (PER) 아니면 실질적 이익인 현금흐름으로 보느냐? (EV/EBITDA)에 따라 다른 개념이라 할 수 있다.

⑥ PEG(주가이익증가비율)

주가수익비율(PER)을 주당 순이익(EPS)증가율로 나눈 값으로 1 미만이면 저평가로 볼 수 있다. 예를 들어 A라는 회사는 PER가 10배이고 EPS 증가율이 10%, B라는 회사는 PER가 15배이고 EPS 증가율이 30%라면 일반적으로 PER가 10배인 A 회사가 저평가되어 있다고 말하지만, PER를

EPS 증가율로 나눈 PEG를 구해 보면 A 회사는 1, B 회사는 0.5이므로 B 회사가 오히려 저평가되어 있다고 할 수 있다.

그 밖에 반드시 알아 두어야 할 지표가 네 가지 더 있다.

⑦ GP/A(매출 총이익 대비 자산 총액 비율)
이전에는 아무도 거들떠보지 않았던 지표로 사이먼 경영대학원 '노비 마르크스' 교수가 자신의 논문에서 가장 깨끗한 수익성 지표라고 주장하였다. 기업들이 영업이익이나 당기순이익은 어느 정도 조작할 수 있지만, 매출액에서 매출원가를 뺀 매출 총이익은 조작할 수 없으므로 그 기업의 수익성을 알아볼 수 있는 가장 현실적인 지표라고 주장하였다. 따라서 GP/A 지표가 높으면 그 기업은 양호한 이익을 내고 있는 것이다.

⑧ F-Score
'한경 경제 용어 사전'에 따르면 F-Score전략이란? 수익성, 재무 건전성, 영업 효율성 등 기업의 상태를 파악할 수 있는 9개 재무 지표를 점수화하여 수익성이 좋고 부패 문제가 없으면서 영업 효율성이 높은 기업에 투자하는 전략을 말한다. F-Score는 미국 시카고대 경영대학원 교수를 지낸 조지프 피오트로스키가 2000년에 개발했다. 영업활동 현금흐름이 플러스면 1점, 신주 발행이 없으면 1점을 부여하는 식이다. 9점 만점인데 일반적으로 F-Score 합계가 7점 이상이면 수익성이 높고 재무 건전성이 우수한 좋은 기업이라 할 수 있다. 일반적으로는 F-Score가 높으면서 주가순자산비율(PBR)이 낮은 종목에 투자하는 것이 정석이다.

⑨ POR(주가 영업이익 비율)

영업이익 대비 주가가 얼마에 형성되어 있는지 알려주는 지표이다. 시가총액에서 영업이익을 나누면(최근 4개 분기 합산) 되는데 당연히 낮을수록 저평가를 의미한다.

⑩ PAR(주가 총자산 비율)

총자산과 비교해 주가가 얼마에 형성되어 있는지 알려주는 지표이다. 시가총액에서 총자산을 나누면 되는데 역시 수치가 낮을수록 저평가되어 있는 것이다.

아울러, 다음 용어들의 의미를 이해하고 있어야 기업의 재무 상태를 파악할 수 있다.

⑪ 영업이익

순수하게 장사를 통해 얻은 이익으로 매출 총이익(매출액 - 매출원가)에서 판매관리비를 빼면 된다.

⑫ 당기순이익

해당 회계기간에 원가와 이런저런 비용을 빼고 얻은 순이익을 말한다.

⑬ 부채비율

자기 자본과 비교해 얼마나 많은 부채를 사용하는지 측정하는 지표로 100% 이하가 양호하다. 부채가 많으면 재무 안정성이 떨어지지만, 부채가 너무 적은 것이 반드시 좋은 것만은 아니다.

⑭ 당좌비율

재무위기에 처했을 때 현금 동원 능력을 나타내는 지표로 100% 이상이면 양호하다고 볼 수 있다.

⑮ 유보율

기업에서 돈을 벌어 남은 잉여금을 납입 자본금으로 나눠 생긴 비율이다.

유보율이 높다는 것은 돈을 벌어 쌓아 놓은 것이 많다는 것이므로 당연히 유보율은 높아야 좋은 것이다. 다만 유보율이 반드시 현금을 의미하는 것은 아니다.

⑯ 시가배당률

배당하는 금액이 자기가 매수한 단가의 몇 % 정도인가를 나타낸다.

예를 들어 만 원에 매수한 종목의 배당금이 500원이면 시가배당률은 5%이다.

⑰ 배당 성향

기업이 벌어들인 당기순이익 중에서 배당을 어느 정도 하는지의 비율이다.

예를 들어 당기순이익이 100억인데 50억을 배당에 사용했다면 배당 성향은 50%이다.

(2) 재무제표 핵심 이해하기

재무제표는 기업의 경영상태를 정리한 장부로 재무상태표(IFRS 도입 이전 GAAP에서는 대차대조표였다), 포괄손익 계산서, 현금흐름표, 자본변동표, 주석 등 5가지로 구성되어 있다.

재무제표의 구성				
재무상태표	포괄손익 계산서	현금흐름표	자본변동표	주석

1) 재무상태표

일정한 시점에 해당 기업이 보유하고 있는 자본, 부채, 자산에 대해 정리한 보고서로 한마디로 회사의 재정 상태를 적어 놓은 표이다. 자산은 자본과 부채를 합한 금액이며 부채는 빌린 돈, 자본은 부채를 제외한 순수한 자기 돈이라고 생각하면 된다.

2) 포괄손익 계산서

해당 영업 시점에 발생한 수익과 비용 등을 계산한 보고서이다.

[총포괄 손익까지의 계산 과정]

매출액

- 매출원가 = 매출 총이익

- 판매관리비 = 영업이익

+ 영업 외 수익

- 영업 외 비용

- 법인세 비용 = 당기순이익

+ 기타포괄손익

- 기타포괄손익

= 총포괄 손익

① 판매비 관리비

줄여서 판관비라고 하는데 급여, 광고비, 대손상각비, 감가상각비, 임차료, 접대비, 복리 후생비 등이 판관비에 속한다.

② 영업 외 수익

이자수익, 유형자산 처분이익, 수입 임대료 등 영업활동이 아닌 것으로 생긴 이익을 말한다.

③ 영업 외 비용

이자 비용, 외환차손 등 영업활동이 아닌 활동으로부터 발생한 비용과 차손을 말한다.

④ 기타포괄손익

일정 기간에 주주와의 자본거래를 제외한 모든 거래(손익거래 등)와 사건으로 발생한 모든 순자산(자본)의 변동으로 매도가능증권 평가손익, 해외사업환산손익, 현금흐름위험회피 파생상품평가손익 등의 예가 있다.

3) 현금흐름표

일정 시점에서 해당 기업의 현금 흐름을 나타낸 보고서로 해당 기간에 현금이 얼마나 들어왔는지 또는 나갔는지를 정리한 표이다. 현금흐름표는 아래와 같이 영업활동 현금흐름, 투자활동 현금흐름, 재무 활동 현금흐름 등 세 가지로 나뉜다.

① 영업활동 현금흐름

상품 대금이나 수수료 등 영업활동에서 얻는 현금흐름을 적어 놓은 것이다. 어떤 상황에서도 영업활동 현금흐름은 플러스이어야 한다. 영업활동으로 현금이 들어와야 회사를 운영할 수 있기 때문이다. 영업활동 현금흐름은 당연히 많아야 좋다.

② 투자활동 현금흐름

새로운 공장 신축, 인수, 매각 등 미래를 준비하며 발생하는 현금흐름이다. 마이너스면 투자를 많이 하고 있다는 뜻으로 해석할 수 있다.

③ 재무활동 현금흐름

배당금 지급, 금융기관으로부터의 차입금, 증자, 사채 발행으로 인한 유입과 유출 흐름을 말한다. 재무 활동 현금흐름이 증가했다는 것은 차입금이나 유상증자 등을 통해서 자본을 조달했다는 의미이며, 마이너스라면 해당 기업이 차입금이나 회사채를 상환했다는 의미이다. 따라서 재무 활동 현금흐름은 마이너스가 좋다.

[현금흐름표에 기록된 내용]

구분	현금 유입	현금 유출
영업활동 현금흐름	제품의 판매 및 용역의 제공, 수수료 수입, 배당수익, 이자수익, 법인세 환급 등	제품의 제조, 재료 구매, 종업원 급여, 사무실 임대료 지급, 이자비용, 법인세 납부 등
투자활동 현금흐름	토지 혹은 유가증권의 매각, 대여금 회수, 고정자산 처분 등	유가증권 토지의 매입, 예금, 고정자산 취득 등
재무활동 현금흐름	단기 차입금, 사채, 증자 등	단기 차입금, 사채의 상환, 유상감자, 자기주식 취득, 배당금 지급 등

[현금흐름표 이해하는 법]

구분	영업활동 현금흐름	투자활동 현금흐름	재무활동 현금흐름
우량기업	플러스 (영업활동으로 돈이 유입됨)	마이너스 (투자로 인해 마이너스)	마이너스 혹은 플러스 (번 돈으로 빚을 갚거나 투자하려고 돈을 빌림)
위험한 기업	마이너스 (적자 발생)	마이너스 혹은 플러스 (투자할 여력이 없고 빚이 늘어남 혹은 투자하려고 돈을 빌림)	마이너스 (지나치게 마이너스면 배당금 지급도 없고 이자가 늘어남)

4) 자본변동표

일정 기간의 자본변동에 관한 정보를 제공하는 표로 자본금, 자본잉여금, 이익잉여금, 자본조정, 기타포괄손익누계액, 총계 등 항목별 크기의 변동액으로 되어 있으며 증자. 감자, 배당금 지급이나 신주 발행 등의 내용을 확인할 수 있다.

5) 주석

주석은 재무제표의 어느 부분에 기호를 붙이고 해당 내용에 대해 자세히 기술한 것 인데 한마디로 기업의 어떤 사항에 대해 자세히 설명하는 글이다. 사업보고서의 맨 마지막에 등장하며 재무제표만 가지고 회사의 재정 상태에 대한 정보를 전부 제공할 수 없으므로 투자에 관련한 회사의 정보를 주석에 기록하는 경우가 많다. 특히 투자자들이 주석을 잘 확인하지 않는 점을 악용해 회사의 악재나 불리한 정보를 주석에 기록하는 때도 있다. 따라서 반드시 읽어 보아야 한다. 특히 매출은 줄어드는데 매출채권이 늘어나는지 매출은 줄어드는데 재고 자산이 늘어나는지 확인해야 한다.

(3) 기업가치 계산하기 (적정 주가 구하는 법)

사실 기업의 적정가치를 정확히 계산하는 것은 그 누구도 불가능하지만 그런데도 우리가 투자하는 기업의 적정가치를 대략 계산할 수 있어야 이 기업이 싼지 비싼지, 얼마나 안전마진이 있는지를 판단할 수 있을 것이다. 기업의 적정가치를 계산하는 법은 일반적으로 절대가치 비교법과 (대표적으로 현금흐름할인법, 잔여이익모델) PER, PBR, EPS, ROE를 이용한 상대 가치 비교법을 사용하는데 절대가치 비교법은 지나치게 추정이 많이 들어가며 요구수익률(r)의 설정에 따라 적정가치 계산이 크게 차이 나고 개인 투자자가 사용하기 쉽지 않아 상대 가치 비교법을 많이 사용히고 있다. 기업의 적정 주가는 기업의 내재가치를 구하는 것이다. 내재가치란 기업의 수익가치 + 자산가치를 말하는데 적정가치를 구하는 방법은 여러 가지가 있지만 주로 사용하는 것은 다음과 같다.

기업가치 계산하는 법
① 12개월 추정 (Forward) EPS 곱하기 적정 배수 10배
② ROE를 보고 프리미엄이나 할인을 부여하는 방식
③ 자산가치와 수익가치에 가중치를 주어 구하는 방식
④ BPS 곱하기 PBR 평균 배수로 구하는 방식

주의해야 할 점은 주가는 6개월~12개월 후의 실적을 선반영한다는 점이다. 아울러 EPS가 어느 한 해에 급격히 늘어나거나 급격히 축소된 기업은 직전 3년간 평균 EPS를 구해서 계산하는 것이 합리적이다.

1) 12개월 추정(Forward) EPS 곱하기 적정 배수 10배

예를 들어, 어떤 기업의 연간 추정 EPS가 1,000원이라면 EPS 1,000원에 한국 시장 평균 PER 10을 곱해 적정 주가는 10,000원이 된다.

2) 연간 추정 BPS에 추정 ROE를 보고 프리미엄이나 할인을 부여하는 방식

상장사 평균 ROE가 8.8%이므로 (아래 표 참조) 그 기업의 ROE가 8.8% 이하일 때는 BPS만큼을 적정가치로 보고 ROE가 8.8%에서 1% 상승할 때마다 1.1을 곱하고 2% 상승했으면 1.2를 곱하는 방식이다. ROE가 마이너스면 그만큼 할인하여 계산한다. 예를 들어 연간 추정 BPS가 10,000원이고 ROE가 10%라면 기준인 8.8%보다 약 1% 더 높으므로 10,000원에 1.1을 곱하여 적정 주가를 구하는 방식이다. 이 경우 적정 주가는 11,000원이 된다. 적자가 났으면 적자난 비율만큼 BPS에서 빼 줘야 한다.

년도	2016	2017	2018	2019	2020	2021	2022F
ROE	8%	11%	10%	6%	6%	12%	13%

3) 자산가치와 수익가치에 가중치를 주어 구하는 법

이 경우에 적정 주가는 자산가치를 5분의 2, 이익 가치를 5분의 3으로 가중치를 주어 계산하는데 그 공식은 다음과 같다.

$$적정\ 주가 = (자산가치 \times 2) + (수익가치 \times 3) \div 5$$

① 자산가치 = BPS(주당장부가치)
② 수익가치 = EPS × 밸류에이션 10배

(10배를 곱하는 이유는 세법에 10%로 나와 있기 때문이기도 하고 한국 시장의 평균 PER가 10배이기도 하기 때문이다. 이익 성장이 빠른 기업은 프리미엄을 더 주어 계산할 수도 있다. 참고로 코스피는 지금까지 일반 적으로 PER 9배~13배 사이에서 움직여 왔다.)

예를 들어, 어떤 기업의 BPS(주당장부가치)가 10,000원, EPS(주당순이익)가 500원이라면 이 기업의 적정 주가는 [(10,000원 × 2)] + [(500원 × 10) × 3] ÷ 5 = 7,000원 정도로 계산할 수 있다. 관심 있는 기업의 적정 주가가 얼마인지 12개월 후의 EPS와 BPS를 추정해서 계산해 보기 바란다.

4) BPS 곱하기 PBR 평균 배수로 구하는 법

12개월 미래 BPS가 5만 원 정도인 은행 업종에 그동안 거래된 업종 평균 PBR 0.6배를 적용하면 이 은행의 적정 주가는 3만 원이 된다.

지금까지 여러 방식으로 적정 주가 구하는 법을 공부해 보았는데 누구도 정확한 적정 주가를 구하는 것은 불가능하다. 따라서 위의 여러 가지 방식으로 적정 주가를 구해 보고 적정 주가 range를 파악해서 대략 이 기업의 적정 주가는 "얼마에서 얼마 사이의 범위에 있구나."라고 이해하면 되겠다.

▶ 참고

기업의 이익이 늘면 주가는 당연히 올라야 하지만, 한국 주식시장에서는 실적이 아무리 좋아도 잘 오르지 않는 업종들이 있다. 주가 자체가 아예 낮게 형성되어 있다는 것이다. 달리 말해 만성 저평가 업종들인데 아래 표(코스피 지수 대비 PER 낮은 업종)에 등장하는 업종들과 '지주사'는 되도록 배당 목적으로만 투자하거나 시장 하방 때 방어주로 투자하거나 혹은 주가 폭락 시 기술적 반등을 노리는 단기매매용으로만 사용하기 바란다. 아무리 실적이 좋아도 주가가 별로 안 오르는 슬픈 업종들이다. (중국기업은 투자하지 않는 것이 좋다.)

1. 은행/보험/증권(금융업종) 2. 철강   3. 조선 4. 건설 5. 유통 6. 운수장비
7. 유틸리티(전기/가스)   8. 자동차 9. 종이, 목재   10. 통신

한국 주식시장에서 위 업종들은 평균적으로 PBR 0.4~0.8 정도에 주가가 형성되어 있다. 만성 저평가 되어 있다는 것이다. 따라서 주가가 잘 안 오른다.

5) 저평가의 기준은 무엇인가?

그렇다면 도대체 저평가의 기준은 무엇인가? 업종에 따라 약간 다르겠지만 지표의 의미로만 해석하면 아래와 같을 때 저평가라고 할 수 있다.

① PBR이 1 이하일 경우 (필자는 PBR 0.3~0.7 사이에서 검색한다.)

② PER이 10 이하일 경우 (필자는 PER 1배~5배 사이에서 검색한다.)

③ PCR이 10 이하일 경우 (필자는 PCR 1~5 사이에서 검색한다.)

④ PSR이 1 이하일 경우 (필자는 PSR 0.1~1 사이에서 검색한다.)

⑤ ROE/PER의 관계를 이용하여 저평가 판단하기

　12개월 미래 추정 ROE로 PER을 나누어 2 이상이 나오면 저평가라 할 수 있다.

⑥ ROE와 PBR의 관계를 이용하여 저평가 판단하기

　최근 주식시장 ROE 평균이 8.8%, 약 9%이므로 어떤 기업의 미래 추정 ROE가 20% 정도 되면 상식적으로 PBR이 2배 정도는 되어야 한다.

2 기술적 분석 (차트 분석하기)

   기술적 분석은 주가의 역사와 행보를 분석하여 저항과 지지 그리고 추세를 알아내고 매수/매도 시점을 파악하는 것을 목적으로 한다. 기술적 분석의 핵심은 캔들, 이동평균선, 거래량, 보조지표에 대해 분석하여 주가의 방향을 추정해 보는 것이다.

(1) 캔들

   주가의 움직임을 표시하는 막대로 주가의 하루 움직임을 파악할 수 있다.

1) 주요 캔들의 모양과 의미

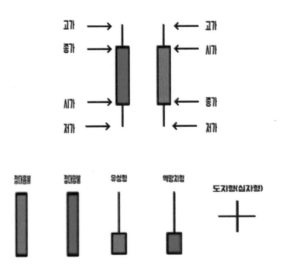

① 장대 양봉의 의미

바닥에서 첫 장대 양봉은 작전 세력의 입성과 더불어 주가가 지속해서 상승할 가망성이 높음을 의미한다.

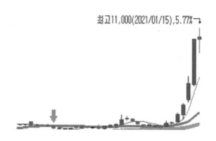

② 장대 음봉의 의미

첫 장대 음봉은 주가가 지속해서 하락할 가망성이 높음을 의미한다. (다음 그림 참조)

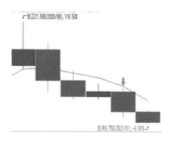

(2) 이동평균선 (MA)

여러 날 주가의 움직임을 점으로 찍어 선으로 표시한 것으로 주로 사용하는 것으로는 5일, 20일, 60일, 120일, 200일, 240일 이동평균선이 있다.

1) 이동평균선의 활용

이동평균선은 지지선과 저항선의 역할을 하며 단기 이동평균선이 장기 이동평균선을 뚫고 올라가는 골든크로스(추가 상승 확률이 높다) 매매와 단기 이동평균선이 장기 이동평균선을 뚫고 내려가는 데드크로스(추가 하락 가능성이 크다) 매매에 활용된다. 아울러 이격도(이동평균선들이 떨어져 있는 정도)를 보고 매매에 도움을 받을 수도 있다.

2) 5일 이동평균선이 만들어지는 원리

아래 그림을 보면 1일부터 5일까지의 주가평균은 10,200원이다. 2일부터 6일까지의 주가평균은 10,300원이다. 3일부터 7일까지의 주가평균은 10,400원이다. 평균값인 10,200원, 10,300원, 10,400원에 점을 찍고 같은 원리로 계속 선을 잇는다. 이처럼 5일 이동평균선은 5일간 주가의 평균을 점으로 찍어 이은 선이다.

일자(일)	1	2	3	4	5	6	7
주가(원)	10,000	10,100	10,200	10,300	10,400	10,500	10,600

3) 이동평균선의 종류

약간 차이가 있겠지만, 필자는 아래와 같이 단기와 장기 이동평균선을 구분하고 있다.

① 단기 이동평균선- 5일, 10일, 20일(생명선)

② 중기 이동평균선- 60일

③ 장기 이동평균선- 120일, 200일, 240일

(필자는 장기추세를 판단하는데 200일 이동평균선을 설정해 사용한다.)

4) 이동평균선의 활용

① 현재 주가 위에 있는 이동평균선들은 저항선 역할을 한다.

② 현재 주가 밑에 있는 이동평균선들은 지지선 역할을 한다.

③ 단기적으로는 20일 이동평균선이 아래로 기울어져 있는 종목은 매
   수하지 말고 20일 이동평균선이 하락하다가 평평해지면서 고개를
   들면 매수해야 한다.

5) 이동평균선의 정배열과 역배열

① 정배열은 단기 이동평균선이 장기 이동평균선 위에 차례로 배열된
   것으로 주가가 지속해서 상승하고 있음을 의미한다. 위에 물려 있는
   매물이 적어서 상승하기가 쉽다.

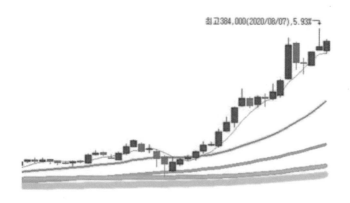

최고384,000(2020/08/07),5.93%

② 역배열은 이동평균선이 장기 이동평균선부터 차례로 배열된 것으로 위에 주가가 지속해서 하락하고 있음을 의미한다. 위에 물려 있는 매물이 많아 주가가 상승하려면 악성 매물을 해소해 줄 큰 거래량이 필요하다.

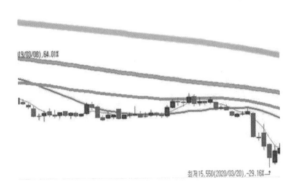

6) 골든크로스와 데드크로스

① 골든크로스-단기 이동평균선이 장기 이동평균선을 뚫고 올라가는 상황(매수 신호)을 말한다.

② 데드크로스-단기 이동평균선이 장기 이동평균선을 뚫고 내려가는 상황(매도 신호)을 말한다.

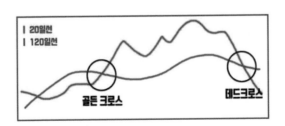

(3) 거래량

1) 거래량이란?

거래량은 기술적 분석에서 가장 중요한데 거래소 안에서 하루에 거래된 주식 수를 말한다.

2) 거래량의 해석

① 거래량은 주가의 실체이다.

② 거래량 바닥은 주가 바닥이다

③ 바닥에서 첫 거래 폭발은 추세 전환 신호이다.

④ 거래량은 실체, 주가는 그림자이다.

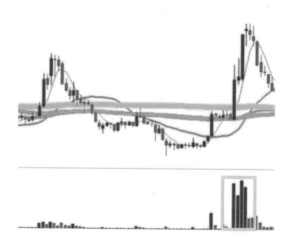

⑤ 위의 그림에서 보듯이 비닥권에서 거래량이 폭발하며 처음으로 주가가 크게 상승하면 추가 상승할 가망성이 아주 높다. 위 차트에서 첫 장대 양봉 이후 주가가 크게 상승하는 것을 볼 수 있다.

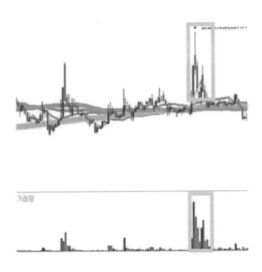

⑥ 위의 그림에서 보듯이 꼭지에서 거래량이 폭발하며 주가가 크게 하락하면 추가 하락할 가망성이 크다.

[거래량과 주가와의 관계 정리]

거래량 증감	의미
대폭 증가	고점에서는 하락, 저점에서는 상승
대폭 축소	주가 횡보 혹은 소폭 상승/하락
변화 없음	주가 횡보 혹은 소폭 상승/하락

(4) 주식투자에 많이 쓰이는 보조지표

아래 보조지표들은 주가의 위치와 매수, 매도 시기를 파악하는 데 도움을 주므로 여러분들이 사용하는 HTS에 설정하여 주가를 참고하는 것이 좋다. 아래의 보조지표에 대한 자세한 설명은 생략하지만, 반드시 다음의 보조지표만큼은 공부하여 활용하시기 바란다.

① RSI

② MACD Oscillator

③ Stochastics Slow

④ AD 라인 혹은 OBV

⑤ Bollinger Band

(5) 차트 분석은 정말 효과가 있을까?

컴퓨터 과학자 문병로 교수의《메트릭 스튜디오》(김영사 2014년)에 따르면 대다수 차트 패턴은 효과가 없는 것으로 밝혀졌고 일부는 효과가 있었다고 한다.

미국에서 차트 분석가로 활동하는 앤드루 로, 지앙왕 교수, 해리 마메이스키 교수가 1962년부터 1996년까지 차트 패턴의 효과를 검증해 보았지만 역시 효과가 없는 것으로 결론 내렸다.

또한 버튼 메키엘 교수도 548개의 종목을 대상으로 32개의 차트 패턴 효과 검증에 나섰지만, 역시 효과가 없는 것으로 밝혀졌다.

3 심리적 분석

앙드레 코스톨라니의 말처럼 결국 '주식투자는 심리 게임'이다. 주식에 투자하다 보면 폭락장이 오거나 개별 종목에서 크게 손실을 보아 심리적으로 공황 상태에 빠지게 되는데 이때 마음을 다스릴 수 있으려면 평상시 많은 수련이 필요하다. 아래 내용을 잘 읽어 보고 여러 편견에 빠지지 말아야 하며 혹시 폭락장이 오면 현명하게 잘 대처해야 주식시장에서 살아남을 수 있다.

(1) 주식투자자들의 비이성적 행태 (버려야 할 편견)

1) 인지 오류

정보를 체계적으로 해석하지 못하고 확률 계산이 불가하다. 읽은 책도 없고 연구도 안 하고 실전 경험이 없어 투자하려고 해도 아는 것이 없는 상태이다.

2) 처분 효과 (손실 회피)

돈을 버는 것보다는 잃는 것에 민감하다. 2억 버는 것은 기뻐하나 1억 손절매는 절대 못 하는 손실 회피 성향을 말한다.

3) 과잉확신

자신의 능력과 실력을 과대평가하는 경향을 말한다.

4) 확증 편견

다른 사람들의 의견은 무시하고 무조건 자기만 옳다는 주장을 말한다.

5) 투자 중독

매일 종목을 들여다보며 매일 주식을 사고 싶어 하고 투자 횟수가 늘어 날수록 매매 비용 부담과 더불어 손해 볼 가망성이 훨씬 큼에도 불구하고 단기 욕망을 제어하지 못하는 것을 말한다.

6) 전망 망상 편견

아무도 알 수 없는 미래를 "알 수 있다"라고 예상하는 것으로 이 종목을 사면 오른다고 점쟁이 노릇을 하는 주식 카페나 유튜브의 소위 자칭 고수 추천자를 쫓아다니는 것을 말한다.

7) 통제 환상 편견

감정을 배제하고 대단히 이성적이고 기계적인 매매를 해야 함에도 자꾸 인간의 감정이 개입되어 투자 결과를 망치는 것을 말한다.

8) 사후 확신 편견

분명히 맞는 투자전략을 사용하여 양호하게 투자했음에도 과정은 무시하고 결과를 남과 비교해 가면서 전략을 자주 수정하는 것이다. "거봐! 그럴 줄 알았어!" "아! ~할걸" 하면서 결과론을 이야기하는 것을 말한다.

9) 스토리 텔링 편견

"누가 어떻게 해서 돈을 벌었대"라는 이야기를 듣고 멋진 이야기에 혹하는 것을 말한다.

10) 권위 편견

"전문가가 뭐라고 했어. 그러니 이렇게 해야 해" 전문가의 의견을 그대로 받아들여서 투자하는 오류. 주식투자는 아무도 믿지 말고 이성적, 기계적으로 냉정하고 객관적으로 전략을 짜야 하며 바른 전략은 끝까지 밀고 나가야 한다. 결과에 대한 책임은 투자자 자신에게 있다.

11) 일관성 결여

'주식 차트를 장기적으로 보면 주가는 오르락내리락을 반복하다가 결국 우상향한다.'

그렇다면 평가 손실을 보는 시기가 있다 하더라도 저평가 우량주를 적절한 가격에 사서 인내하면 되는데 개인투자자들 대부분은 팔랑귀라 '손실은 크게 이익은 짧게'를 실천하면서 가만히 있었으면 누릴 수 있는 이익 대신 샀다 팔기를 반복하면서 탐욕과 공포 때문에 복을 다 차 버리는 현상을 말한다.

12) 휴리스틱(heuristics) 오류

체계적이고 세밀하면서 합리적인 의사 결정이 아닌 어림짐작, 주먹구구식 의사 결정의 오류를 말한다.

13) 앵커링 효과(Anchoring effect)

특정한 수치나 이미지 때문에 투자자의 판단이 흐려지는 현상. 예를 들어 어떤 종목의 주가가 만 원 이하로 떨어지면 반드시 매수해야 한다는 생각을 말한다.

(2) 작전 세력들의 '개미 털기' 중 개인투자자들의 심리적인 동요

모멘텀이 발생하여 상승하는 주가에 개미들이 달라붙으면 작전 세력들이 일부러 주가를 폭락시켜 개미들이 손해 보고 매도하게 하는 전략을 '개미 털기'라고 하는데 이때 겁나서 매도하면 큰 손실을 보게 된다. '개미 털기'의 목적은 주가를 낮춰 더 싼 값에 매집하고 주가를 쉽게 조종하기 위함이다.

1) 네이버 증권 종목토론방의 심리 파악하기

① '안티' 글을 쓰는 자는 매수 대기자이다. (그 종목을 좋게 보고 있는 사람이거나 가끔 그 종목에서 큰 손해를 입은 사람도 있다. 작전 세력 일원이 게시판에서 직접 안티 작업을 하여 매도를 유도하기도 한다.)

② 해당 종목에 대해 좋게 말하는 자들은 그 종목을 현재 보유하고 있는 사람이다. 이 사람들은 곧 팔고 나갈 가망성이 높다. 즉 잠재적 매도 대기자이다.

③ 글 대부분이 쓰레기 글이며 겁주는 글과 해당 기업을 찬양하는 글이 혼재한다.

④ 게시판 글을 믿지 말고 내가 공부하여 해당 종목을 분석할 수 있어야 한다.

⑤ 기업의 이익 가치나 자산가치와 비교해 저평가 상황인데 주가가 안
　오른다고 종목 게시판 글에 주주들의 불만이 극에 달하면 상승 가능
　성이 크다.

(3) 폭락장에 대처하는 자세

필자의 경험에 의하면 개인투자자들이 가장 힘들어하는 시기는 개별
주에 크게 물려 손절매를 하거나 폭락장에 물려 오랜 기간 주가가 회복되
지 않을 때이다. 주식투자를 오랫동안 해 온 전문가들은 폭락장이 오면
어떻게 대처할까?

1세대 가치투자자 '라이프 자산운용 이채원 의장'에 따르면 그의 폭락
장 대처 자세는 다음과 같다고 한다.

1단계: 두 배로 열심히 일하면서 투자전문가들의 책으로 마음을 달랜다.
2단계: 다 포기하고 무협지를 읽는다.
3단계: 시간이 지나길 기다린다. 방법이 없다. 잊고 기다리는 수밖에 없다.

약세장은 주가 폭락으로 인해 투자자들에게 엄청난 정신적 충격을 가
져다준다. 아무리 신중하게 종목을 선정하고 조심스럽게 매수하더라도
모든 종목의 주가가 시장의 영향을 받아 폭락하기 때문이다. 이때 주식
투자의 성패는 지극히 심리적인 요인이 결정하게 된다. 계좌 손실이 크
게 나서 "더 하락하면 어쩌지?" 하는 걱정 때문에 손절매해 버리는 사람
은 실제로 내 계좌에서 돈이 날아가 버려 결국은 주식투자로 큰 실패를

맛보게 된다. 필자는 25년째 투자하면서 약 여덟 번 정도의 폭락장을 겪어 봤는데 고평가 종목을 매수한 적이 없었기 때문에 손절매하지 않고 끝까지 버텨 결국 큰 이익을 내고 매도할 수 있었다.

약세장에 심리가 무너지지 않으려면 항상 다음과 같은 원칙을 지키면서 종목을 선정하고 단기에 손실이 크게 나더라도 심리적으로 잘 인내해야 한다.

1) 기업가치를 철저히 분석하고 저평가된 종목을 매수한다.

2) 은행이자 이상 배당주는 종목을 매수한다.

3) 너무 급하게 매수하지 말고 천천히 매수한다.

4) 약세장에 손실이 크게 나면 심리를 잘 다스려 약세장이 끝날 때까지 배당을 받으면서 잘 버틴다.

5) 매수단가 근처에 왔을 때 심리적으로 쫓겨 빨리 팔아 버리면 나중에 주가는 더 크게 상승하므로 천천히 대응한다.

(4) 주식투자 대가들의 심리 조언

월가의 위대한 펀드매니저였던 [피터 린치]는 다음과 같이 조언한다.

1) 주식투자로 돈을 벌려면 주가 하락에 대한 두려움 때문에 주식시장에서 서둘러 빠져나오는 일이 없어야 한다.

2) 주식투자자의 운명을 결정하는 것은 머리가 아니라 배짱이다.

3) 하락장에서 당신이 불안한 이유는 쓰레기 같은 회사에 공부도 안 하고 당신이 평생 모은 돈을 몰빵해 놓았기 때문이다.

4) 수익을 당연하게 여기는 생각은 주가가 큰 폭으로 하락하면 확실하게 치유된다.

5) 부동산에서 돈을 벌고, 주식에서는 돈을 잃는 이유가 있다.
집을 선택하는 데는 몇 달을 투자하지만 주식 선정은 몇 분 만에 끝내기 때문이다.

6) 어떤 기업이든 공부하지 않고 주식을 사면, 카드를 보지 않고 포커 게임에 임하는 것과 같다.

살아 있는 주식투자의 전설 **[워런 버핏]**은 다음과 같이 조언한다.

1) 주식시장은 인내심이 없는 사람들의 돈을 인내심이 있는 사람들에게 옮겨 주는 곳이다.

2) 투자는 복잡한 것이어서 전문가에게 맡겨야 한다는 것은 속설이며 개인투자자 자신이 연구만 제대로 한다면 투자만큼 단순한 것도 없다. 개인투자자가 기업의 가치평가를 제대로 할 수 있다면 의외로 단순한 투자기법으로도 좋은 수익률을 올릴 수 있다.

3) 투자가치를 분석하기 위해 미적분 계산을 할 수 있다면 나는 아직도 신문 배달을 하고 있었을 것이다. 종목의 가치분석은 발행 주수를 나눌 수 있는 나눗셈 정도로 충분하다.

4) 부자는 시간에 투자하고 가난한 사람은 돈에 투자한다.

5) 나는 경기나 주식시장을 예측하려고 하지 않는다. 예측할 시간에 기업들을 연구해야 한다.

6) 잠자는 동안에도 돈이 들어오는 방법을 찾아내지 못한다면 당신은 죽을 때까지 일해야만 한다.

그리고 유럽 주식투자의 대가 **[앙드레 코스톨라니]** 는 다음과 같이 조언한다.

1) 주식은 심리 싸움이다.

2) 주가는 희망과 공포의 교차점에서 결정된다.

3) 주식시장은 10%만 fact가 지배하고 나머지 90%는 심리가 지배한다.

4) 주식투자는 기술이 아니라 철학이다.

5) 주식투자 최대의 적은 자기 자신이다.

6) 인간에 대한 이해가 전제되어야만 투자에 성공할 수 있다.

7) 일단 우량주를 몇 종목 산 다음 수면제를 먹고 푹 자라.

8) 주식시장은 사실 제목만 다를 뿐 늘 똑같은 줄거리의 연극이 공연되는 극장과 같다.

9) 투자자는 경기 순환에 반대로 행동해야 하고 주식시장에 있는 대중의 일반적 생각을 따르지 말아야 한다.

10) 투자자는 무엇이 옳고 그른지에 대해 자신만의 생각과 아이디어, 방향을 가지고 있어야 하며 대중에 휩쓸려 감정적으로 행동하지 않아야 한다.

Chapter 2

성공 확률 높은
일곱 가지 단기매매 전략

1 | 투자전략을 세우기 전에 꼭 알아야 할 사항

(1) 주식시장의 사계절

일본의 대표적인 주식 분석가인 '우라가미 구니오'에 따르면 40년간 주식시장을 분석해 보니 주식시장에는 아래와 같이 일정한 cycle(주식 사계절)이 존재한다고 한다.

1) 금융장세 (봄)

경기를 살리기 위해 통화공급을 늘리는 단계로 금리를 인하함으로 인해 주식시장에 자금이 급격히 유입되는 단계이다.

2) 실적장세 (여름)

유동성의 유입으로 인해 주가가 이미 상승하고 경기도 회복되는 단계이다. 금리가 조금씩 오르지만, 경기가 회복되니 기업의 실적이 좋아져 주가가 추가로 상승하는 단계이다.

3) 역금융장세 (가을)

경기과열과 물가상승 우려로 금리가 인상되고 긴축 정책이 진행되는 단계로 상승했던 주가는 충격을 받아 조정을 받게 되는 단계이다.

4) 역실적장세 (겨울)

금리 인상으로 인하여 경기가 후퇴하며 민간의 소비가 줄어들고 기업의 이익이 줄어드는 단계로 주식시장의 겨울이다.

[우라가미 구니오의 증시 4계절론]

계절	장세 구분	금리	실적	주가	업황
봄	금융장세	하락	완만한 하락	상승	성장주 및 금리하락 수혜주, 재정 투입(토목, 건설) 종목 상승
여름	실적장세	완만한 상승	상승	완만한 상승	업종 순환매 소비, 물가 상승, 안정성장
가을	역금융장세	상승	완만한 상승	하락	경기 최고조 긴축 정책, 생산활동 위축, 현금 비중 확대
겨울	역실적장세	완만한 하락	하락	완만한 하락	내수 관련주, 자산주 매입,실업률 가속, 금리 인하, 경기부양책

(2) 주가는 무엇의 영향을 받아 움직이는가?

1) 해당 기업의 주식에 대한 수요

① 상승 수급

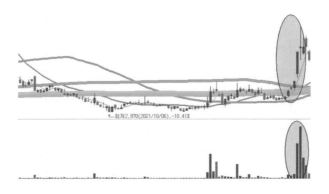

위의 차트 중 아랫부분을 보면 거래량이 폭발하면서 주가도 폭발적으로 상승하고 있다.

② 하락 수급

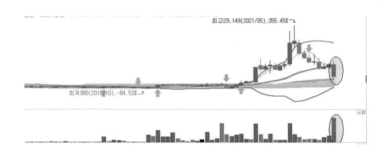

위의 차트 중 아랫부분을 보면 거래량이 늘면서 주가가 폭락하고 있다.

2) 기업의 이익

궁극적으로 주가는 기업의 이익에 수렴한다. 그런데 특히 한국 시장을 보면 기업 실적이 정말 좋은데도 주가가 오르지 않는 종목이 상당히 많이 있다. 실적이 주가로 바로 이어지지 않거나 주가가 실적을 반영하지 못하는 것은 개별 종목의 특성과 투자자들의 매매 시점 때문이라는 주장도 있다. 실적이 좋게 발표되더라도 투자자들의 기대에 못 미치거나, 증권사들의 실적 추정치를 토대로 미리 매수에 나섰던 투자자들이 차익 실현에 나설 때 주가는 하락할 수도 있다는 것이다. 또한 실적발표 당시 주가가 고평가돼 있으면 단기적으로 주가가 하락하는 반면 저평가된 주식은 실적에 대한 기대감이 주가에 충분히 반영되며 강세를 나타내기도 한다.

실적을 주가가 바로 반영하지 않더라도 일반적으로 "기업의 이익에 따라 주가가 오른다"라고 말할 수 있다. 기업의 실적이 좋아지면 배당에 대한 기대가 높아지고 기업의 가치가 올라가기 때문이다. 아래 표를 보면 영업이익과 순이익이 증가하면서 감소할 때보다 주가가 크게 상승한 것을 확인할 수 있다.

<표> 실적 변동과 주가등락 현황

(단위 : 사, %, %포인트)

구분	매출액		영업이익		순이익	
	증가	감소	증가	감소	증가	감소
회사수	331	287	277	341	276	342
주가등락률	51.71	34.66	73.04	33.17	81.49	26.47
KOSPI 대비 초과 수익률	47.03	29.98	68.36	28.49	76.81	21.79

(자료=한국거래소) (서울=연합뉴스)

미국 기업 이익과 주가와의 상관관계

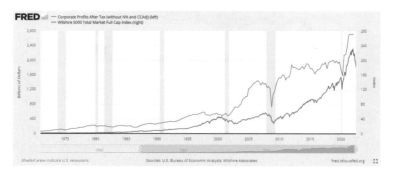

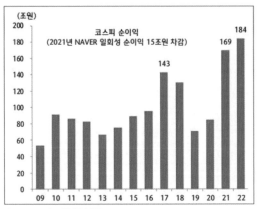

자료: Quantiwise, 하나금융투자

위의 그래프에서 KOSPI 기업들의 실적과 코스피 연봉의 모습을 보면 기업 실적에 따라 주가의 높낮이가 형성되는 것을 볼 수 있다. (위의 표에 나온 바와 같이 기업의 이익이 정체되니까 아래 그림의 노란 원이나 엷은 노란색 직사각형에서 보듯 주가도 정체된 모습을 확인할 수 있고 기업의 이익이 늘어나니까 파란색 화살표처럼 주가가 상승하는 모습을 볼 수 있다.)

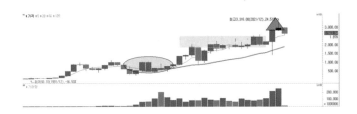

3) 금리와 환율

① 금리

주가는 금리와 역의 관계이다. 금리가 오르면 기업의 이자 부담이 늘어나 기업의 이익이 줄기 때문에 주가가 내리고 금리가 낮으면 기업의 이익이 늘고 유동성이 풍부해져 주가가 오를 확률이 높아진다. 금리가 오르면 당연히 기업의 실적에 악영향을 미치기 때문에 일부 방어주를 제외하고 대부분 종목의 주가가 내려간다.

Source from: Chosun Biz, 기준금리가 인상되면 코스피 지수가 하락할까?

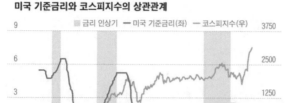

* HTS에서 금리 확인하기

Source from: 삼성증권 HTS

② 환율

환율이 높으면 한국 주식시장의 절대 주포인 외국인들이 손해를 보기 때문에 국내 시장에 투자하지 않게 되어 주가에 부정적이다.

Source from: KBS NEWS 경기 좋다는데 주가는 반대 "1,200원 된 환율을 보라?"

환율과 주가 흐름의 상관관계

환율 그래프를 뒤집어보았을 때

* HTS에서 환율 확인하기

Source from: 삼성증권 HTS

4) 유가

유가는 너무 낮아도 안 좋지만, 너무 높으면 인플레이션을 유발하여 주
가에 부정적이다.

유가와 S&P500 지수와의 상관관계

(3) 미국시장 선물 및 세계 주요 시장의 주가지수 확인하기

1) Investing.com과 Finviz.com을 활용하기

Investing.com 화면 캡처

지수	월물	종가	고가	저가	변동	변동 %	시간
US 30		33,981.30	34,197.20	33,949.90	-170.7	-0.50%	19:40:19
US 500		4,277.20	4,312.20	4,273.20	-28.0	-0.65%	19:40:11
US Tech 100		13,531.20	13,648.10	13,517.30	-104.0	-0.76%	19:40:19
US 2000		2,003.00	2,022.10	2,001.00	-17.3	-0.85%	19:40:20
S&P 500 VIX	2022년 9월	23.68	23.73	23.35	+0.24	+1.03%	19:32:05
독일 DAX	2022년 9월	13,777.00	13,960.00	13,760.50	-133.0	-0.96%	19:40:18
프랑스 CAC	2022년 9월	6,562.80	6,625.00	6,555.20	-30.2	-0.46%	19:40:19
FTSE	2022년 9월	7,488.00	7,551.80	7,482.00	-36.5	-0.49%	19:40:19
Euro Stoxx	2022년 9월	3,784.00	3,822.00	3,780.00	-20	-0.53%	19:40:04
이탈리아 FTSE MIB	2022년 9월	22,977.50	23,160.00	22,945.00	-24.50	-0.11%	19:40:14
스위스 SMI	2022년 9월	11,148.00	11,191.00	11,124.50	+18.0	+0.16%	19:40:17
IBEX 35	2022년 9월	8,466.00	8,540.00	8,456.00	-45.8	-0.54%	19:40:07
RTS		109,945.00	111,135.00	108,005.00	+2,865	+2.68%	19:40:19
WIG20	2022년 9월	1,695.50	1,740.50	1,692.50	-37.50	-2.16%	19:40:09
네덜란드 AEX	2022년 9월	726.35	730.67	725.05	-1.70	-0.23%	19:40:10
iBovespa		113,780.00	113,890.00	112,695.00	+620	+0.55%	06:01:00
닛케이	2022년 9월	29,043.00	29,223.00	28,915.00	-147.0	-0.50%	19:36:40

2) HTS에서 해외투자정보- 세계지수 확인하기

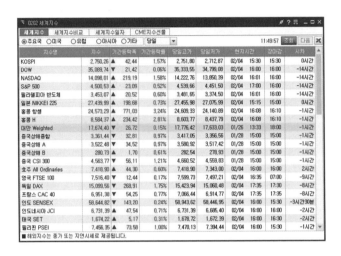

3) HTS에서 외국인 파생 상품 포지션 파악하기

① 시장종합화면 이해하기

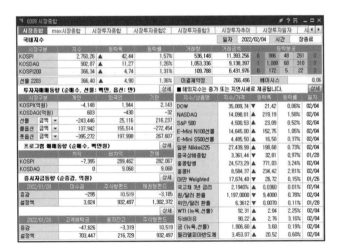

외국인이 시장 상황을 좋게 보고 있다면 현물과 선물을 동시에 순매수하고 풋옵션은 매도하고 콜옵션을 매수할 것이다. 위 화면을 보면 외국인과 기관이 현물과 선물을 다 매수하고 있다.

② 외국인의 선물, 옵션 포지션 파악하기

삼성증권 기준으로 HTS [선물옵션 창]에서 [선물옵션시장분석]으로 들어가 [옵션 포지션 추정]을 클릭한다. [직전 옵션 만기 후 누적]에 커서를 맞춘 후 아랫부분 네모 상자에 있는 [선물]을 체크하면 해당 기간 외국인의 선물 옵션에 대한 포지션을 대략 추정할 수 있다. 아래 그림을 보면 외국인은 하방 포지션을 취하고 있으며 KOSPI 200 선물지수 375포인트(지수 환산 2,815p)에서 외국인, 기관, 개인의 이익과 손해가 엇갈리는 것을 볼 수 있다. 아래 화면에서 확인할 수 있는 것은 외국인은 주가가 내리면 이익을 보고 오를수록 손해를 보는 하방 포지션을 취하고 있다는 것이다.

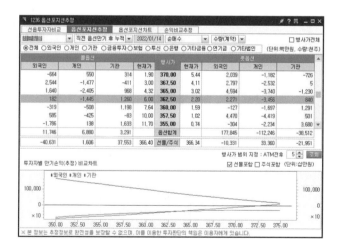

(4) 폭락장에서 주가 바닥 잡기

필자가 오랜 기간 투자해 보니 가장 중요한 것은 폭락장이었다. 따라서 폭락장에서 바닥을 확인할 수 있는 여러 방법에 대해 알아보고자 한다. 폭락장을 잘 넘기면 시장에서 끝까지 살아남을 수 있으므로 아래에 언급하는 내용을 잘 이해하여 폭락장을 슬기롭게 극복해 보자.

사실 주식시장을 전망하는 것은 불가능하다. 그렇더라도 과거 폭락장을 거울삼아 미래 주식시장의 대략적 시나리오를 연구해 보는 것은 앞으로 또다시 폭락장이 왔을 때 시장의 상황을 이해하고 투자전략을 구체화하거나 평균적으로 언제 내 종목의 손실을 만회할 수 있을지 짐작하는 데도움이 될 수 있을 것이다. 아래에 등장하는 과거 시장의 여러 가지 힌트를 통해 대략 주가의 바닥을 추정해 보자.

1) 공매도 금지 조치 후

하나금융투자 모 연구원에 따르면 '공매도 금지 조치 후 주가 바닥이 나왔다는 연구'가 있었다. 공매도 추이와 주가지수는 역의 관계이며 바닥은 공매도 금지가 만든다는 주장이다.

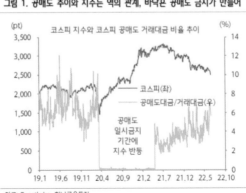

그림 1. 공매도 추이와 지수는 역의 관계, 바닥은 공매도 금지가 만들어

자료: Quantiwise, 하나금융투자

2) 미국 변동성 지수인 VIX 지수가 40 이상으로 올라가고 약 한 달 후

퀀트 투자자 '강환국'에 따르면 "미국 변동성 지수인 VIX 지수가 40 이상으로 올라가고 약 한 달 후에 바닥을 확인하는 경우가 많았다"라고 한다. 아래 표를 보면 VIX 지수가 40을 넘긴 시점에서 투자했다면 (물론 마이너스가 난 적도 있지만) 두 달 후에 평균 23%가량 수익이 난 것을 볼 수 있다. (아래 그림에서 붉은색 선 부근이 VIX 40 부근이다.)

1990년대 이후 VIX 지수의 변화

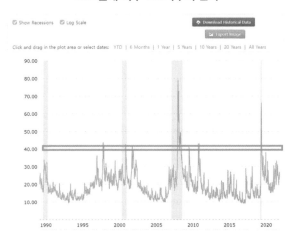

VIX 40 이상 시점	1개월 후 수익률	2개월 후 수익률
1997년 11월	−11.1%	18.4%
1998년 10월	24%	81.3%
2001년 10월	10.8%	42.1%
2002년 8월	−5.6%	−10.5%
2008년 10월	6.3%	19.5%
2010년 6월	−0.4%	4.6%

2011년 9월	-0.2%	5.9%
2020년 3월	11.9%	23%
평균 수익률	4.45%	23.04%

(VIX 40 기록한 뒤 수익률, Source from: 강환국)

3) 개인투자자들의 투매 시점 후

외국인 기관이 팔아치우는 주식을 지속해서 개인이 받다가 지수가 더 폭락하게 되면 버티던 개인들의 투매가 나오는 시점에 신용잔고가 줄면서 바닥을 확인하는 경우가 많았다. 아래 표를 보면 외국인 매도물량을 다 받고 버티던 개인들의 투매가 나온 시점에 시장에 들어갔을 경우 1년 이상 뒤, 상당한 수익이 난 것을 확인할 수 있다.

개인 투매 시점	투매 때 주가지수	투매 후 주가지수 꼭지	
2003년 2월 4일	604	2004년 4월	939
2009년 1월 19일	1151	2011년 5월	2229
2020년 3월 20일	1566	2021년 6월	3316

(Source from: 강환국)

4) 코스피 지수 월봉 차트의 RSI(상대강도지수) 25 아래로 내려가면

코스피 지수 월봉 차트의 RSI가 25 아래로 내려가면 상당히 과매도 된 시장으로 이해할 수 있다. RSI는 주식투자에 상당히 유용한 보조지표로 70 이상이면 과매수, 30 이하면 과매도로 해석된다. 월봉의 RSI 지표가 25 이하로 내려간다면 오랜 기간 주가가 과매도 된 상태이다.

아래 그림의 2022년 8월 22일 KOSPI 월봉을 보면 8월 RSI는 23.44%를 나타내고 있다. (필자의 RSI 계산은 평활 이동평균이 아닌 단순 이동평균을 적용한 것이다.)

2022년 8월 삼성증권 RSI 월봉 지표

5) PBR이 0.9 밑으로 내려가면

'DB금융투자'에 따르면 한국 주식시장의 주요 하락장에서 Trailing PBR 은 1998년 IMF 사태 시 0.42배, 2001년 IT 거품 붕괴 때 0.69배, 금융위기 당시 0.83배, 그리고 팬데믹 시절 0.68배를 기록한 바 있는데 이처럼 Trailing PBR 1배를 밑돌더라도 언제나 그 복원이 곧 이뤄졌다는 점을 눈여겨봐야 한다고 주장한다. 주식시장은 지금까지 "기업의 내재가치 중 자산가치인 PBR이 극단적인 경우(코로나 팬데믹)를 제외하고 0.8~1.4 사이에서 움직여 왔다"고 한다. DB금융투자의 주장처럼 PBR 0.7 이하는 상당히 예외적인 큰 위기의 경우이고 대개 PBR 0.9(현재 1년 FW로 주가지수 2500) 아래에서 매수할 때 장기적으로 큰 수익이 났었음을 아래 표에서 확인할 수 있다.

PBR	6개월 후 수익	1년 후 수익	2년 후 수익
0.9 이하	12.85%	33.03%	48.95%
0.9~1	15.31%	18.44%	43.48%
1~1.1	4.47%	7.55%	13.24%
1.1~1.2	0.25%	0.74%	2.26%
1.2~1.3	1.05%	6.29%	7.24%
1.3~1.4	2.44%	8.61%	-1.70%
1.4 이상	-3.38%	-12.48%	-13.15%

(Source from: 강환국)

6) PUT 옵션 거래대금/CALL 옵션 거래대금 Ratio가 5일 이상 평균적으로 1.5 이상일 경우

체슬리 투자자문 '박세익' 대표에 따르면 "PUT 옵션 거래대금/CALL 옵션 거래대금 Ratio가 5일 이상 평균적으로 1.5 이상일 경우 주가가 바닥일 가망성이 크다"라고 한다.

7) 연방준비제도가 통화정책을 완화한 후

골드만삭스의 글로벌시장 전략가인 '비키창'에 따르면 1950년 이후 S&P500지수가 15% 이상 떨어진 적은 17번 있었는데 이 가운데 11번이 연준의 통화정책이 다시 완화되기 시작할 무렵에야 바닥에서 벗어났다고 한다.

8) 환율이 1,300원을 넘는 시점

완전히 바닥을 잡는 전략은 아니지만, 체슬리 투자자문 박세익 대표와 퀀트 투자자 강환국에 따르면 한국은 수출 비중이 높아 환율이 1,250원을 돌파했을 때 주식에 분할 투자하면 1년 후 평균 약 42%, 2년 후 평균 약 64% 정도의 이익을 낼 수 있었다고 한다.

① 환율이 1,250원을 상향 돌파 시 매수했을 때 수익률

날 짜	이벤트	K지수	1개월	3개월	6개월	1년 후	2년 후
1997.12.08	IMF	414	2.20%	26.79%	-16.62%	22.91%	138.25%
2000.12.26	닷컴버블	504	17.26%	8.20%	16.66%	29.58%	38.30%
2003.03.18	증시붕괴	537	16.28%	25.77%	41.11%	62.44%	82.34%
2008.10.06	금융위기	1358	-19.62%	-12.1%	-4.48%	17.64%	40.13%
2010.05.25	그리스	1560	10.83%	11.15%	23.5%	30.44%	16.87%
2020.03.18	코로나	1591	20.32%	34.08%	51.61%	92.69%	70.12%
2022.04.25	인플레	2657	-1.5%	-12.91%	?	?	?
평균 수익률			6.54%	11.57%	18.65%	42.61%	64.33%

(Source from: 강환국)

위의 표에서 보면 환율 1,250원 돌파 시 매수하는 것이 바닥권에서 사는 것은 어느 정도 맞지만, IMF, 닷컴버블, 금융위기 때는 최대 -30% 정도의 손해를 감수해야 하는 상황도 있다.

② 환율이 1,250원을 하향 돌파 시 매수했을 때 수익률

날 짜	이벤트	K지수	1개월	3개월	6개월	1년 후	2년 후
1997.12.08	IMF	446	24.66%	16.45%	61.23%	112.5%	18.87%
2000.12.26	닷컴버블	652	5.78%	-3.04%	-4.88%	19.49%	25.73%

2003.03.18	증시붕괴	577	7.16%	21.25%	31.18%	56.72%	71.74%
2008.10.6	금융위기	1576	7.82%	2.8%	1.11%	12.63%	10.69%
2010.05.25	그리스	1607	7.61%	7.59%	18.31%	30.65%	13.48%
2020.03.18	코로나	1704	10.81%	23.91%	33.67%	78.66%	60.14%
2022.04.25	인플레	2657	?	?	?	?	?
평균 수익률			10.59%	11.50%	23.44%	51.78%	33.44%

(Source from: 강환국)

반대로 위의 표에서 환율이 1,250원을 하향 돌파했을 때 매수했더니 수익률은 다르지만, 손실 확률이 줄어들었다. 따라서 환율이 1,250원을 상향 돌파할 때가 아니라 1,250원을 돌파했다가 고점을 찍고 다시 내려올 때 매수하는 것이 더 안전하다는 사실을 알 수 있다.

9) 미국 신규 실업수당 청구 건수가 최대치에 달했을 때

현대차증권에 따르면 미 실업수당 청구 건수가 최대치에 달했을 때 증시는 바닥을 형성할 가능성이 크다고 한다. "2000년 초 실업수당 청구 건수가 51만 7,000건으로 고점을 형성했을 때 S&P500 지수는 바닥을 형성한 것으로 나타났다"라고 한다. "금융위기 당시에도 2009년 3월 실업수당 청구 건수가 66만 5,000건까지 올라섰을 때 S&P500지수는 바닥을 찍고 서서히 반등하기 시작했다"라고 주장한다.

10) 공급관리자협회(ISM의) 제조업 PMI 지수가 50을 밑도는 시점에

KB증권에 따르면 "ISM의 제조업 PMI 지수가 50을 밑도는 시점이 약세장이 끝나가는 시점일 가능성이 크다"라고 한다. 이 지수가 50을 넘으

면 제조업 경기의 확장을, 미달하
면 위축을 의미한다고 한다. ISM의
제조업 PMI가 50 이하인 구간에서
미 Fed가 긴축 정책을 펼친 경우는
거의 없다. 스태그플레이션으로 고
통받던 1970년대도 마찬가지였다.
"2000년과 2003년, 2008년, 2012년
등 ISM 제조업 지수가 50을 밑돌면

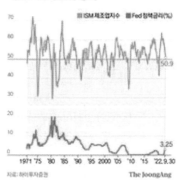

미국 제조업지수 50선 아래로 떨어질 때
바뀐 Fed의 긴축 정책

서 저점을 찍을 때 코스피 지수도 바닥을 다진 사례가 많았다"라고 주장
한다.

11) 'S&P500 Forward PER Ratio'가 13배~14배, 'Shiller PER Ratio'가 22배에서

미국 주식시장 조사 기관 'fool.com'은 'S&P500 Forward PER Ratio'가
13배~14배, 로버트 Shiller 교수가 만든 S&P500 기업의 순이익을 인플레
를 고려해 조정하고 10년 평균치 이익을 고려한 지표인 'Shiller PER Ratio'
22배 정도에서 진 바닥을 잡는 경우가 많았는데 이 두 가지 지표는 진 바
닥을 잡는 데 상당히 신뢰성 있는 지표라고 주장한다.

위에서 기술한 여러 가지 바닥 신호를 참고하여 혹시 폭락장이 다시 온
다면 현명하게 대처해 보기 바란다.

(5) KOSPI 주가지수 최고점을 잡았을 때 회복되는 기간에 관한 연구

필자는 KOSPI 지수가 폭락장을 맞은 기간과 하락률, 그리고 회복 기간에 관해 연구해 보았다. 아래 표를 잘 관찰하여 앞으로 시장을 폭넓게 이해하는 데 도움이 되길 바란다.

[KOSPI 고점이 회복되는 데 걸린 시간. 양봉 29회, 음봉 13회]

* KOSPI 평균 하락 기간은 약 2년 지속됨
* 괄호 안은 IMF를 제외한 하락률과 회복 기간임

하락 기간	최고점/최저점			하락률	고점 회복 연도	고점 회복 기간
1981년~1984년	165	→	115	-30.3%	1985년	4년 후
1989년~1992년	1015	→	456	-55%	1994년	5년 후
1994년~1998년	1145	→	277	-75.8%	2005년	11년 후
2007년~2008년	2085	→	892	-57.2%	2011년	4년 후
2011년	2231	→	1644	-26.3%	2017년	6년 후
2018년~2020년	2607	→	1439	-44.8%	2020년	2년 후
2021년~2022년	3316	→	??	??	?	?
평균 하락률과 회복 기간				48.2% (42.7%)		5.3년 후 (4.2년 후)

KOSPI 42년간 연봉

(6) [KOSPI 연봉 분석] 1980년부터 2022년까지

필자가 1980년부터 2022년까지의 KOSPI 연봉 차트를 잘 관찰해 보니 아래와 같은 흐름으로 주가가 움직여 왔다는 것을 알 수 있었다. 아래 기록을 대충 흘려서 읽지 말고 왜 필자가 이런 흐름을 기록하였는지 그 흐름 속에는 어떤 유의미한 통계가 있는지 잘 파악해 보자.

1) 1년간 크게 하락한 연봉 뒤에는 반드시 양봉이 나왔음.

2) 42년 동안 3년 연속 하락한 경우는 딱 1회, 2년 연속 하락한 예도 딱 1회, 나머지는 전부 1년만 하락하였음.

3) 2000년 이후에는 하락하면 2년 연속 음봉은 없었고 1년만 음봉이었음.

4) 1년만 연봉이 상승한 경우는 딱 2회 있었음.

5) 6년 연속 연봉 상승 딱 1회, 5년 연속 연봉 상승 딱 1회, 3년 연속 연봉 상승 3회, 2년 연속 연봉 상승은 2회였음.

6) 지수(최고점 기준) 100~1,000에서 20년간 머물렀음.

7) 지수(최고점 기준) 1,000~2,000에서 9년간 머물렀음.

8) 지수(최고점 기준) 2,000~3,000에서 11년간 머물렀음.

9) 지수(최고점 기준) 3,000 이상에서 2년간 머물렀음.

(7) 이런 기업은 투자하지 말자

1) 2년 이상 연속 적자기업

2) CB/BW를 자주 발행하는 기업

3) 매출이 줄고 부채비율이 200%가 넘는 기업

3) 유상증자로 기업가치가 희석된 기업

4) 최대 주주 리스크가 있는 기업

5) 불성실 공시 기업

6) 불필요한 소송에 연루된 기업

7) 투자 경고, 투자 위험으로 지정된 종목

8) 관리종목

9) 최대 주주 지분율이 낮은 기업

10) 최대 주주가 자주 바뀌거나 기업명이 자주 바뀌는 기업

11) 고평가 기업

2 성공 확률 높은 일곱 가지 단기매매 전략

주식투자의 정석은 기업가치를 기반으로 한 가치투자이지만 변동성이 심한 한국 주식시장에서 가치투자만을 고집한다면 효율적이지 못한 투자전략이 될 수도 있다. 그렇다 하더라도 단기매매는 상당한 위험을 감수해야 하고 아주 뛰어난 능력을 갖추고 있지 않는 한 실패 확률이 매우 큰 투자이기도 하다. 미국시장과 비교해 한국 시장에서는 장기투자해 봐야 소용없다고 생각하는 개인투자자들이 대부분이다. 궁극적으로 필자는 단기매매에 대한 "꿈을 깨라"고 말해 주고 싶지만, 단기매매만이 살길이라고 생각하는 개인투자자들을 위해 그리고 필자의 권고를 받아들여 부자가 되는 유일한 방법인 '초장기 투자'를 실천하더라도 단기매매에 미련을 버리지 못하는 개인투자자들을 위해 2장에서는 비교적 안전하고 효율적인 단기 매매전략에 관해 기술하고자 한다. 매매법과 주의사항을 꼼

꼼히 읽어 보고 원칙을 잘 지켜 매매한다면 단기에 이익을 얻는 데 큰 도움을 줄 것이라 믿는다. 하지만 이런 단기매매법도 시장이 폭락하면 아무 소용이 없다. 따라서 시장의 폭락이 어느 정도 예상될 때는 투자를 쉬거나 인버스, 공매도 등을 통해 hedge 전략을 취하는 것이 좋다. 2장에서는 단기 매매 중 초단타인 스캘핑과 비교적 시간의 여유가 있는 스윙에 맞는 전략 일곱 가지를 소개하고자 한다.

[스캘핑 전략]

스캘핑은 빠른 시간 안에 성공 여부가 판가름 나므로 주가를 지속해서 관찰할 수 있어야 하고 발 빠르게 대처해야 하므로 그만큼 리스크가 큰 매매법이다.

이 책에서는 두 가지 스캘핑 전략을 제시하고자 한다.

(1) 상다매매 (상한가 다음 날 시초가 매수 혹은 5분봉 피보나치 조정 후 매매)

1) 상다매매법 (상한가 다음 날 매매법)

• 상다매매 연구개요와 근거

필자는 25년째 주식 공부를 하면서 '단기매매로 이익을 크게 냈다'는 단기 매매자들의 책을 많이 읽어 보았다. 그들이 단기에 수익을 내는 비결을 알아보니 대개 '상따매매'(상한가 갔던 종목을 같이 따라 들어가 매수하고 그다음 날 주가가 위로 떴을 때 매도하는 방법)로 이익을 내는 것이었다. 물론 지금도 그러한 매매가 유효하지 않은 것은 아니지만 [상한/하한]의 폭이 30%로 높아진 지금, 잘못 따라 들어가면 큰 손해를 볼 수 있다는 위험성 때문에 필자는 한 번도 '상따매매'를 해 본 적이 없다. 실패하면 급락하기 때문이다. 그 대신 상한가 다음 날 여러 종목의 주가 움직임을 아주 자세히 관찰하여 보니 다음과 같이 흥미로운 결과를 얻을 수 있었다.

"어떤 종목이든 상한가 갔던 다음 날의 주가는 오르고 내리는 폭이 상당히 크다."

이러한 사실에 기초하여 필자는 상한가 다음 날 주가가 어떻게 움직이는지 약 1년 6개월간 주의 깊게 관찰하였고 그 결과 상한가 다음 날 매매가 상당히 성공확률이 높다는 결과를 얻을 수 있었다.

필자가 그동안 상한가 갔던 수백 종목을 연구하여 '상한가 다음 날 매매'(앞으로 '상다매매' 라 칭한다)를 하고 있는데 그 많은 종목을 다 근거로 제시하기에는 지면이 너무 부족하므로 필자가 경험한 상한가 종목 106종목을 근거로 제시하고자 한다. 관찰한 106종목 중 시초가에 바로 매수 했을 때 2% 이상 이익이 났던 종목이 91개, 시초가에 매수했을 경우 2% 이익에 못 미치고 하락한 것이 15종목이었다.

즉, 상한가 다음 날 매매(상다매매)를 하고자 이 106종목을 시초가에 시장가로 매수하고자 하는 물량을 전부 사고 바로 2% 위에 매도를 걸어 두었더라면 성공한 종목이 106종목 중 91종목이므로 성공 확률이 약 86%였다. 아마 연구 집단을 더 넓혀도 비슷한 결과가 나올 것이다.

다음은 상한가 갔던 다음 날 주가가 어떻게 되었는지 연구했던 종목들이다. 아래의 예시 종목은 106종목인데 이 중에서 2개 종목은 대상이 아니므로 제외한다. (동신건설과 한솔 PNS는 제외한다.)

총 106종목 중 91종목 성공, 15종목 실패

한국파마	뉴로스	수산아이앤	유니테크노	에이테크솔	현대약품
형지&C	카페24	SG&G	신진에스엠	이지홀딩스	젠진바이오
흥국	필룩스	미래생명자	한국아트라	그린케미칼	하이텍팜
오리엔트정	쇼박스	인포마크	엔에프씨	서린바이오	삼천당제약
한농화성	덕양산업	선익시스템	에이디칩스	동성제약	일양약품
이엘피	인터파크	KTH	보령제약	삼성제약	명문제약
오스테오닉	비비안	센트랄모텍	조광ILI	피플바이오	까뮤이앤씨
지니뮤직	토탈소프트	KCTC	까스텔바작	한솔로지스	명신산업
티엘아이	동방	삼성공조	매성파인텍	포인트모바	휴마시스

동신건설	녹십자랩셀	현대바이오	현우산업	프리엠스	LS네트웍스
노터스	신성델타테	키네마스터	퀀타매트릭	대웅제약	삼화페인트
넷게임즈	하나기술	삼화네트웍	인포뱅크	엘아이에스	이녹스
한솔PNS	석경에이티	덕산하이메	모아텍	삼아알미늄	메디콕스
아이젠	디아이티	금비	박셀바이오	미성엘텍	지니언스
대원전선	삼기	화신정공	현대위아	KB오토시스	금양
SH에너지화	한국프랜지	성우하이텍	경인전자	LG전자	웰크론한텍
오킨스전자	프리시전바	SV인베스트	압타바이오	세방전지	링네트
SNK	아남전자	알체라	풍강	엘마티라퓨	클라우드에

[상다매매 실패 15종목]

이엘피, 카페24, 센트랄모텍, 에이디칩스, 조광ILI, 까스텔바작, 동성제약, 넷게임즈, SH에너지화학, 압타바이오, 전진바이오, 하이텍팜, 일양약품, 휴마시스, LS네트웍스.

2) 상다매매란?

상한가 갔던 종목이 다음 날 또 올라가려는 변동성을 이용하여 시초가나 시초가 아래에서 분할 매수하여 단기적 변동성을 노리고 이익을 내는 방법(목표수익률을 낮출수록 성공 확률이 높다. 보통 2%를 목표로 하면 성공 확률은 85%가 넘고 1%를 목표로 하면 성공 확률이 90%가 넘는다) 인데 다음 날 시초가가 5%~10% 정도의 상승에서 시작하는 것이 좋다. (시초가가 하락해서 마이너스로 시작하는 종목은 시초가 진입이 아니라 시초가보다 몇 % 더 아래에서 분할매수로 대응해야 효율적이다.)

아래에 상한가 갔던 두 종목은 상한가 다음 날 캔들을 보면 긴 꼬리를 만들면서 큰 변동성이 있었다는 것을 알 수 있다.

① 상다매매 성공 종목 1

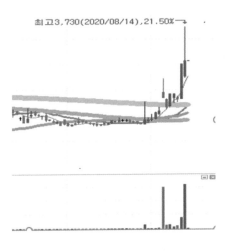

② 상다매매 성공 종목 2

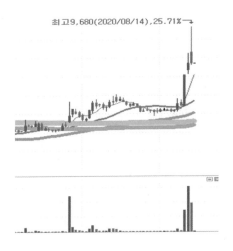

하지만 아래 그림에서처럼 상한가 다음 날 시초가에 매수했을 경우 바

로 시초가보다 밀려 버리는 종목도 있으므로 종목 선정에 조심해야 한다. 위에서 기록한 연구 결과는 종목 선정에 심혈을 기울이지 않고 상한가 갔던 종목 아무것이나 그다음 날 시초가로 매수했을 때의 결과이다. 따라서 신중히 종목을 선정한다면 성공 확률이 더 높을 것이라 확신한다.

③ 상다매매 실패 종목

최고3,505(2020/08/13),28.15%

3) 종목 선정 요령과 주의사항

① 매일 상한가 갔던 종목을 관심 종목으로 등록한다.

② 이른 시간에 상한가 갔던 종목, 체결 강도가 높은 종목을 우선 고려한다.

③ 상한가 다음 날 전일 종가로 장전 매수 잔량이 많은 종목을 우선 고려한다.

④ 다음 날에도 이슈가 이어질 수 있는 종목이어야 한다.

⑤ 월봉상 바닥에서 첫 장대양봉인 종목이 안전하다.

⑥ 기업 내용이 좋고 물릴 각오가 된 종목만 매수한다. 물리면 상한가 꼭대기에서 절반 하락할 때까지 기다리고 그 이하에서 분할 매수하여 단가를 크게 낮추고 반등할 때 빠져나와야 한다. 물릴 때를 대비하여 치밀한 전략을 짜고 들어가야 할 것이다.

⑦ 상다매매는 한 번만 하고 나온다. (과욕 금지!!)

4) 상다매매에 물렸을 경우 대처 방법

필자는 수도 없이 상다매매를 했지만 물린 경험이 딱 두 번 있다. 이때 대처요령을 설명하고자 한다. 예를 들어 상다매매 하는 날 시초가에 5백만 원을 매수했다가 물리면 최소한 2천만 원의 추가 매수 자금이 있어야한다. 따라서 큰 금액을 상다매매에 다 사용하다 나중에 물리면 대단히 고생하거나 큰 손해를 볼 수 있으므로 주식투자 가용금액의 10분의 1 혹은 5분의 1만 사용하기를 바란다.

필자는 아래의 두 종목에 물렸다가 두 종목이 폭락하기를 기다려 처음 매수한 금액보다 몇 배를 추가 매수하고 상한가 장대 양봉의 가운데 정도 금액으로 평균단가를 낮춰서 반등할 때 더 큰 이익을 내고 빠져나왔다. 따라서 첫날 사서 물리면 절대 바로 물을 타면 안 되고 주가가 더 폭락하기를 기다려야 한다. 상한가 캔들의 가운데 정도에 주가가 왔을 때 처음 매수한 금액의 2배, 그리고 더 빠지면 1배 더, 그리고 또 빠지면 나머지 금액을 다 사용해야 한다. (빠지는 정도는 피보나치 조정 비율 정도면 가장 효율적으로 대처할 수 있다.) 대개 상한가 간 종목들은 상한가 캔들의 절반을 깨면 기술적 반등이 일어날 확률이 상다매매 성공률만큼이나 높다. 이때 반등을 주면 팔고 나와야 한다. 다음은 필자가 상다매매 하다가 물렸던 두 종목의 일봉 차트이다. 상한가 후에 어떻게 움직였는지 차트의 캔들을 잘 관찰해 보고 물렸을 경우 빠져나올 전략을 치밀하게 모색해 보자.

① 필자가 상다매매 하다 물린 종목 1

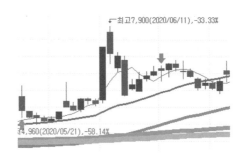

② 필자가 상다매매 하다 물린 종목 2

5) 시간 외 상한가 종목 다음 날 매매에 대하여

시간 외에서 상한가 갔던 종목을 그다음 날 아침에 '시간 외 상다매매'하는 전략은 그리 추천할 만한 것이 아니다. 필자가 연구한 바로는 시간 외 상한가 갔던 종목들의 그다음 날 움직임은 주가가 더 상승하는 예도 있지만, 음봉으로 크게 밀리는 경우가 더 많아서 상당히 주의해야 한다. 대개 시간 외에서는 적은 금액으로 상한가를 만들 수 있으므로 작전 세력들이 시간 외에서 상한가로 올려놓고 그다음 날 시초가부터 하방으로 밀어 버리는 경우가 상당히 많다. 정규장의 상한가 다음 날 매매(상다매매)의 경우 종목과 상관없이 85% 정도의 성공률을 보이지만 시간 외에서 상한가 갔던 종목은 그다음 날 성공률이 낮아서 별로 추천해 주고 싶지 않다. 아래 그림은 시간 외에서 상한가 보낸 다음 불특정 다수에게 매수 추천 문자를 보내고 시초가부터 밀어 버려 큰 음봉이 나온 사례이다. 아주 전형적인 개미 꼬시기 작전이므로 피해 보지 않도록 주의하기 바란다.

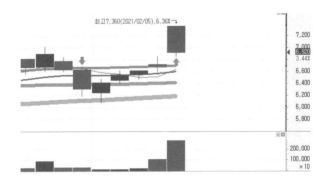

위 그림의 맨 오른쪽 파란 장대 음봉을 보라. 작전 세력이 시초가부터 밀어 버려 시간 외 상한가 다음 날 매매는 실패했을 것이다.

(2) '5분봉 상승 거래량 급증' 종목 매매

1) '5분봉 상승 거래량 급증' 종목 매매란?

주가가 바닥을 기다가 상승 추세로의 전환을 알리는 신호는 바로 '상승 거래량의 급증'이다. 따라서 상승 거래량이 폭증하는 첫 시점을 포착할 수 있다면 단기로 이익을 낼 수 있는 확률이 상당히 높아진다. 필자가 상한가를 기록한 종목들의 평균 거래량을 조사해 보니 적어도 거래가 없었던 전일 거래량 대비 8배 이상은 거래가 늘어야 주가가 크게 상승할 수 있다는 사실을 알 수 있었다. 필자는 더 보수적으로 생각하여 거래가 없다가 전일 거래량 대비 10배 이상 거래가 터져 상승하는 종목의 첫 시점을 포착할 수 있다면 이익을 낼 수 있을 것으로 생각하고 이를 분봉으로 계산해 보았다. 하루에 시장이 열리는 시간은 9시부터 3시 30분까지 6시간 30분인데 이것을 10분봉으로 나누면 마지막 동시호가 시간을 빼고 38개의 10분봉이 만들어진다는 계산이 나온다, 그런데 초단타 전략을 10분봉으로 대응하면 너무 늦기 때문에 이것을 다시 5분봉으로 쪼개 보니 하루에 한 종목당 76개의 5분봉이 만들어지므로 거래가 없을 때의 평균 거래량과 비교해 5분봉 하나에 하루 평균 거래량의 15%~20% 거래가 터진다면 이는 상승 초기 시점이 될 수 있을 것이라는 생각을 하게 되었다. 예를 들어 어떤 종목의 거래가 활발하지 않을 때 하루 평균 거래량이 10만 주라면 어느 날 '5분봉 하나'에 1만 5천 주에서 2만 주의 거래가 상승 방향으로 터진다면 바로 따라 들어가 최소한 2% 이상의 이익을 내고 매도할 수 있을 가망성이 아주 높아진다는 결론에 도달할 수 있었다.

▶ 예시

① 알티캐스트 평상시 거래량 파악

일자	주가	등락폭		등락률	거래량
08/26	2,100	▲	385	22.45%	14,622,730
08/25	1,715	▲	45	2.69%	95,940
08/24	1,670	▲	50	3.09%	176,061
08/23	1,620	▼	60	3.57%	84,851
08/22	1,680	▼	35	2.04%	108,904
08/19	1,715	▼	25	1.44%	158,005
08/18	1,740	▼	40	2.25%	241,265
08/17	1,780		0	0.00%	1,276,541
08/16	1,780	▲	10	0.56%	321,634

위 표에서 평상시 거래량을 평균해 보면 보수적으로 잡아도 20만 주를 넘지 않음을 알 수 있다. 따라서 이 종목이 크게 상승하려면 5분봉 하나에 15%~20%, 즉 3만 주에서 4만 주의 거래량이 터지는 '5분봉 시점'을 잡아야 한다.

② 알티캐스트 5분봉 거래량 터지는 시점 포착

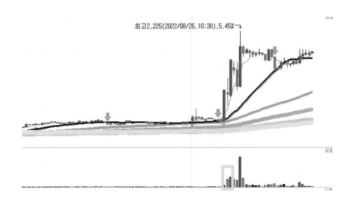

최고2,225(2022/08/26,10:30),5.45%

위 5분봉을 보면 오전 10시 5분(차트 아래 노란색 사각형 부분)에 257,654주의 큰 거래량이 터지고 5분봉상 장대 양봉이 만들어지면서 필자가 제시한 급등 조건을 충족하였다. 5분의 시간 여유가 있으므로 3분만 지나도 장대양봉이 만들어질지 판단 가능할 것이다. 이제 바로 따라들어가 매수할 것인지 아니면 장대양봉의 50% 이상 조정 받을 때까지 기다릴지 본인이 판단해야 한다. 어떤 때는 장대 양봉 후 바로 더 올라가기도 하고 어떤 경우는 더 올라갔다가 조정을 받기도 하기 때문이다. 오로지 풍부한 매매 경험만이 더 확실한 성공을 가져다줄 것이다.

③ '육일씨엔에스' 평상시 거래량 파악

일자	주가	등락폭	등락률	거래량
08/26	3,575 ▲	545	17.99%	1,436,899
08/25	3,030 ▲	15	0.50%	31,136
08/24	3,015 ▼	35	1.15%	21,084
08/23	3,050 ▼	55	1.77%	17,666
08/22	3,105 ▼	235	7.04%	55,258
08/19	3,340 ▼	10	0.30%	18,236
08/18	3,350 ▼	35	1.03%	24,235
08/17	3,385 ▲	95	2.89%	53,185
08/16	3,290 ▼	25	0.75%	33,329

위 표에서도 거래가 크게 터진 8월 26일을 빼면 평상시 평균 거래량은 약 4만 주 정도로 보인다. 따라서 5분봉 하나에 6천 주에서 8천 주 이상의 거래량이 터지면 해당 종목이 급등할 수 있는 조건이 된다.

④ '육일씨엔에스' 5분봉 거래량 터지는 시점 포착

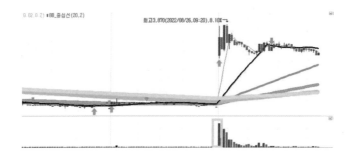

위 차트를 보면 동 종목은 9시 5분에(차트 아래 노란색 사각형 부분) 257,758주의 거래량이 터져 바로 17.33% 갭 상승으로 출발한 것을 확인할 수 있다. 필자가 처음에 "10% 이상 갭 상승하면 따라 들어가지 말라"고 했으므로 위 종목은 바로 관심을 끄는 것이 좋다. 물론 9시 10분에 50% 정도 조정 후 9시 15분에 바로 반등을 주기는 했지만 안전하게 매매하려면 10% 이상 갭 상승하여 시작하는 종목은 포기하는 것이 최상이다.

⑤ '현대 두산 인프라' 평상시 거래량 파악

일자	주가	등락폭		등락률	거래량
08/26	6,680	▲	980	17.19%	22,648,319
08/25	5,700	▲	10	0.18%	549,576
08/24	5,690	▲	110	1.97%	649,833
08/23	5,580	▼	70	1.24%	624,345
08/22	5,650	▼	50	0.88%	555,707
08/19	5,700	▼	100	1.72%	688,393
08/18	5,800	▲	30	0.52%	534,956
08/17	5,770	▼	120	2.04%	699,281
08/16	5,890		0	0.00%	974,388

위 표에서도 거래가 크게 터진 8월 26일을 빼면 평상시 평균 거래량은 약 70만 주 정도로 보인다. 따라서 5분봉 하나에 10만 5천 주에서 14만

주 이상의 거래량이 터지면 해당 종목이 급등할 수 있는 조건이 된다.

⑥ '현대 두산 인프라' 5분봉 거래량 터지는 시점 포착

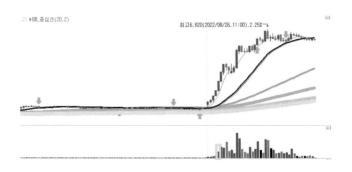

위 차트를 보면 동 종목은 9시 15분에(차트 아래 노란색 사각형 부분) 126,019주의 거래량이 터져 전략에 맞는 조건을 충족하였다. 따라서 9시 15분에 매수하고 몇십 분 버텼으면 큰 이익이 발생했을 것이다.

⑦ '제룡전기' 평상시 거래량 파악

일자	주가		등락폭	등락률	거래량
08/26	9,070	▲	1,170	14.81%	5,419,083
08/25	7,900	▲	250	3.27%	693,133
08/24	7,650	▲	460	6.40%	634,847
08/23	7,190	▲	200	2.86%	317,592
08/22	6,990	▼	150	2.10%	121,635
08/19	7,140	▼	80	1.11%	119,129
08/18	7,220	▲	220	3.14%	238,059
08/17	7,000	▼	240	3.31%	325,083
08/16	7,240	▼	280	3.72%	711,244

위 표에서 평상시 거래량을 평균해 보면 보수적으로 잡아도 40만 주를 넘지 않음을 알 수 있다. 따라서 이 종목이 크게 상승하려면 5분봉 하나에 6만 주에서 8만 주의 거래량이 터지는 시점을 잡아야 한다.

⑧ '제룡전기' 5분봉 거래량 터지는 시점 포착

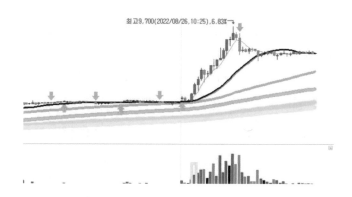

최고9,700(2022/08/26,10:25),6.83%

위 차트를 보면 동 종목은 9시 25분에(차트 아래 노란색 사각형 부분) 137,431주의 거래량이 터져 전략에 맞는 조건을 충족하였다. 따라서 9시 25분에 매수하고 얼마간 버텼으면 역시 큰 이익이 발생했을 것이다.

2) 종목 선정요령과 주의사항

아래에 기록한 선정요령과 주의사항을 충분히 이해하고 수십 번 관찰, 검증한 후에 위 전략을 실행해 보기 바란다. 초단기간에 이익과 손실이 결정 나므로 충분히 검증하고 연습한 후에 실행해야 한다.

① 당일 상승 순위가 높은 종목 중에서 매수할 종목을 관찰한다. 혹은

독자 여러분이 사용하고 있는 증권사 HTS의 거래량 급증 종목(상승 방향) 조건검색을 이용해도 된다.

② 되도록 일봉이 우하향하고 있거나 역배열 혹은 고점을 찍고 내려온 종목은 매수 대상에서 제외한다.

③ 상승하는 종목 중 '하루 평상시 평균 거래량'을 대충 계산해 보고 '5분봉' 하나가 '평상시 하루 전체 거래량'의 15%~20%를 돌파하는 시점이 매수 시점에 해당한다. (전일 거래량이 급증한 경우, 이를 기준으로 하루 평균 거래량을 계산하면 안 되고 거래가 없을 때 평상시 평균 거래량이 얼마인지 계산해야 한다. 전일 거래량이 급증하고 크게 상승했던 종목은 조정을 충분히 받지 않았다면 매수하지 않는 것이 좋다.) 좀 더 빠르게 대응하려면 차트를 '3분봉'으로 전환하여 상승하다가 큰 음봉이 나오거나 볼린저밴드 상한선 위로 벗어났다가 음봉이 생기면서 안으로 들어오려고 하면 바로 매도해야 하고 아울러 5분봉 정배열 상태에서 데드크로스가 나면 바로 매도해야 한다. 물론 느긋하게 대응하려면 그대로 '5분봉'을 참고하는 것이 좋다.

④ 전날 '시간 외 상한가' 종목이 장 초반에 크게 상승하면 작전 세력들이 개미들을 꼬시기 위한 작전일 확률이 높으므로 절대 매수하지 않는다. 따라서 전날 시간 외에서 크게 상승한 종목을 미리 알고 있어야 한다.

⑤ '5분봉' 하나에 거래량이 폭증하면서 시초가에 10% 이상 갭 상승으로 출발한 종목은 이미 주가가 상당히 올라 시작하는 경우이기 때문에 손해 볼 가망성이 높다. 이런 경우는 되도록 매수하지 않는다.

⑥ 일반적으로 장 초반 9시에서 11시 사이에 이 전략에 해당하는 종목

의 90%가 발생한다. 어떤 종목에 호재성 재료가 갑자기 생기지 않는 한 시간이 지날수록 이 전략에 해당하는 종목이 줄어든다. 따라서 장 초반 크게 상승하는 종목에 집중해야 한다.

⑦ 물릴 때를 대비한다면 역시 아직 바닥에서 상승 정도가 미미한 종목, 저평가 우량 기업이 거래 대상으로 가장 적합하다. 기업분석을 해 보고 매매하면 더 안전하다는 것이다.

⑧ 장 초반에 크게 상승하였을 때 따라 매수하면 안 되고 '5분봉'이 장대 양봉을 만든 후 피보나치 조정, 즉 50% 이상 크게 하락한 음봉이 만들어진 후에 매수하면 그 반등을 이용해 이익을 얻을 가망성이 크다.

⑨ 위에서도 언급했듯이 매도할 때는 정배열이 역배열 되는 순간, 혹은 정배열 상태에서 음봉이 크게 발생하는 순간, 볼린저밴드 상한선을 벗어났다가 음봉이 생기면서 볼린저밴드 안으로 들어오는 순간에 매도한다. 참고로 파라볼릭 매도 신호를 이용하면 비교적 효율적으로 매도할 수 있다.

[스윙 매매전략]

스윙 매매전략은 아무래도 천천히 대응할 수 있는 시간이 있으므로 직장인들도 따라 할 수 있는 전략이다. 아래에 소개하는 전략을 잘 읽어 보고 치밀하게 전략을 짜서 수익률을 제고해 보자.

(3) 황금비율 매매 (바닥에서 첫 장대 양봉 시현 후 피보나치 조정을 이용한 매매)

1) 황금비율 매매법

① 황금비율 매매 연구개요와 근거

필자는 안전한 단기매매를 고민하다가 '상한가 갔던 종목들'의 추후 주가 움직임을 자세히 관찰하여 다음과 같은 결과를 얻을 수 있었다. 특히 바닥에서 첫 상한가 갔던 종목들의 주가가 상한가 꼭대기에서 절반 정도 눌리면 다시 반등할 가망성이 대단히 높다는 것을 알게 되었다.

② 피보나치 되돌림 원리- Fibonacci Retracement

13세기 수학자 피보나치에 따르면 자연이 무질서한 것 같지만 나름대로 질서를 갖추고 있다고 한다. 심지어 인간의 몸도 어떤 비율로 구성되어 있는데 이러한 황금비율 원리를 주식의 기술적 분석에 응용한 것을 '피보나치 되돌림 원리'라고 한다. 0.236, 0.382, 0.50, 0.618, 0.764, 1.00, 1.318, 1.5, 1.618 등의 숫자가 피보나치 되돌림 혹은 확장 수치인데 예를 들어 주가가 바닥부터 100% 상승했다면 23.6% 혹은 38.2% 혹은 50% 등의 조정을 받고 다시 올라갈 수 있다는 원리이다. 주가는 올랐다 내렸다 하면서 무질서하게 보이지만 나름대로 어떤 질서를 갖추고 있다는 것이다. 100% 맞지 않겠지만 필자의 경험으로는 상당히 비슷하게 맞아 왔기 때문에 신뢰할 만한 이론이라고 생각하여 지지와 저항선으로 참고하고 있다.

이런 피보나치 되돌림 원리를 응용하여 상한가를 기록한 종목들을 관찰하였더니 다음과 같은 결과를 얻을 수 있었다.

"바닥에서 첫 상한가 갔던 종목이 상한가 꼭대기에서 절반 정도 하락하면 추후 주가는 기술적으로 반등한다."

이러한 사실에 근거하여 필자는 상한가 갔던 종목들의 추후 주가 움직임을 약 1년 6개월간 자세히 관찰하였고 그 결과 상한가 갔던 종목의 주가가 상한가 꼭지에서 절반이 깨지면 분할 매수하여 단기에 오르면 팔고 나오는 '황금비율 매매'가 상당히 성공확률이 높다는 결과를 얻을 수 있었다.

피보나치 되돌림과 확장, Source From: Investing.com

상승추세	되돌림		확장	
고가 (b) 2546	0% (b)	2,546	261.8%	3,252.86
저가 (a) 2276	23.6%	2,482.28	200%	3,086
맞춤식 (c)	38.2%	2,442.86	161.8%	2,982.86
→ 계산하기	50%	2,411	138.2%	2,919.14
	61.8%	2,379.14	100%	2,816
	76.4%	2,339.72	61.8%	2,712.86
	100% (a)	2,276	50%	2,681
	138.2%	2,172.86	38.2%	2,649.14
			23.6%	2,609.72

다음은 상한가 갔던 종목들의 주가가 상한가의 절반을 깨고 내려갔을 때 어떻게 되었는지 연구했던 종목들이다. 아래의 예시 종목은 필자가 경험한 상한가 52종목인데 바닥에서 첫 상한가 종목만 선정한 것이 아니고 무작위로 선정한 것인데도 이 중에서 두 개의 종목만 황금비율 매매에

서 실패하였다.

성공률은 무려 96%인데 연구 집단을 더 늘려도 성공률이 90%는 넘을 것이라고 확신한다.

황금 비율매매 총 52종목 50종목 성공

하이텍팜	한솔홈데코	수젠텍	사조오양	링네트
엠투엔	SDN	한화솔루션	사조씨푸드	STX엔진
보락	오스템	에이치엘비	시너지이노	광동제약
디딤	녹십자웰빙	에스24	한국팩키지	영진약품
텔레칩스	두산퓨얼셀	바디텍메드	한익스프레	우신시스템
성우전자	두산퓨얼셀	iMBC	삼륭물산	STX
에코바이오	솔루스첨단	진양제약	태웅로직스	기가레인
싸이토젠	유니테스트	서울제약	코오롱글로	영양약품우
미래컴퍼니	DSR	디앤에이링	영림원소프	모토닉
국영지엔엠	세진중공업	동일기연	금호에이치	엘엠에스

2) 황금 비율매매 (피보나치 조정 원리를 이용한 매매)란?

어떤 종목의 종가가 상한가에 도달하여 장대 양봉이 만들어지고 상한가 꼭대기 가격에서 약 절반 정도 깨고 내려왔을 때(정확한 황금비율은 0.618) 분할매수 한 후 평균단가를 상한가 꼭대기의 절반 정도에 맞춰 내매수 단가 이상으로 반등하면 매도하는 전략을 '황금비율 매매'라 한다. 필자는 내가 산 평균단가보다 2% 이상 오르면 매도하고 있는데 크게 오르는 경우도 많고 성공 확률이 상당히 높다. 아래에 등장하는 두 개의 차트를 보고 상한가를 기록한 후 주가가 상한가 꼭대기에서 절반 정도 내려왔을 때 하루 혹은 며칠긴 분할매수 한다면 과연 이익을 낼 수 있을지 관찰해 보자.

① 황금비율 매매 종목 1

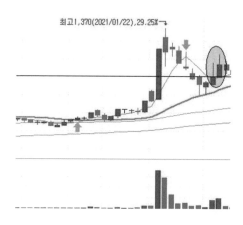

최고1,370(2021/01/22),29.25%→

상한가 캔들 중간선 위로 주가가 반등하고 있다.

② 황금비율 매매 종목 2

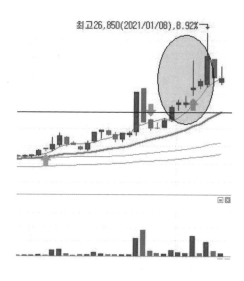

최고26,850(2021/01/08),8.92%→

상한가 캔들 중간선 위로 주가가 반등하고 있다.

물론 황금 비율매매가 100% 성공하는 것은 아니다. 상한가 갔던 종목 중 아래의 종목을 황금비율 매매했다면 주가가 더 아래로 내려가 손해를 보게 된다.

③ 황금 비율매매 실패 종목 1 (SGA솔루션즈)

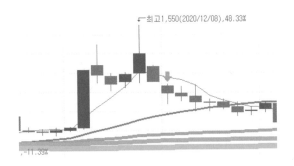

위 종목은 상한가 캔들의 중간선을 깨고 하락하고 있다.

④ 황금 비율매매 실패 종목 2 (금비)

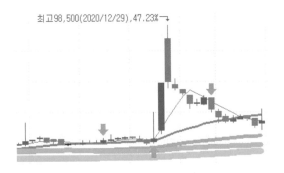

위 종목도 상한가 캔들의 중간선을 깨고 하락하고 있다.

3) '황금비율 매매' 종목 선정요령과 주의사항

① 상한가 갔던 종목을 관심 종목에 등록한다.

② 상한가 갔던 종목 중 상한가 꼭대기에서 주가가 절반 가까이 밀리면 주의 깊게 관찰한다.

③ 관찰한 종목들의 내재가치를 분석해 보고 나쁘지 않은 회사를 선정한다.

④ 바닥에서 처음 올라온 상한가 종목이 절반 눌리면 성공확률이 굉장히 높다.

⑤ 선정한 종목의 상한가 꼭대기에서 절반을 계산하여 예약매수를 걸어 두어야 한다.

⑥ 상한가 꼭대기에서 절반 밑으로 더 내려갈 것으로 생각하고 기계적으로 천천히 분할매수 해야 한다.

⑦ 자기가 확보한 물량에서 2% 이상 이익이 나면 바로 매도한다.

⑧ 분할매수 완료 후 이익을 실현하기까지 대개 늦어도 한 달 이내의 시간이 걸린다. 가끔 2개월 정도 걸린 종목이 있었으나 일반적으로 매수한 다음 날부터 1개월 이내에 이익이 발생했다.

⑨ 한 번만 하는 것을 원칙으로 하지만 이익을 내고 나온 종목의 주가가 다시 크게 하락했을 때 기업의 내재가치에 비해 의미 있는 저평가라면 다시 매수해도 된다.

아래 태웅로직스라는 종목은 상한가 후 절반 깨고 내려왔을 때 여러 번 매수해도 계속 이익을 주었다.

—최저3,115(2020/08/21),−39.51%

위 종목은 상한가 중간선 위로 반등했다가 주가가 내리면 다시 매수해도 이익을 주고 있다.

⑩ 분할 매수할 때 절대 흥분하거나 감정이 개입되어서는 안 되고 하루에 계획한 수량만 기계적으로 매수해야 한다. 계획된 이상의 수량을 매수해서는 안 된다.

(4) 이동평균선 밀집 정배열 초기 종목 매매

1) 정배열 초기 종목 매매법

① 정배열 초기 종목 매매법이란?

정배열 초기가 되면 주가가 급등할 확률이 매우 높다. 이것에 착안하여 정배열 초기 종목을 검색하여 매매하는 것을 '정배열 초기 종목 매매법'이라고 한다. 필자가 관찰한 바로는 상당히 성공확률이 높으므로 검색을 통해 종목을 선정하고 좋은 기업을 정배열 초기에 매수해야 한다.

② 정배열 초기 종목의 주가 움직임

아래 등장하는 네 개의 차트는 정배열 초기에 주가가 어떻게 움직이는지를 잘 보여 준다. 아래 세 종목의 그림을 보면 정배열 상태가 되자 주가가 급등하고 있는 것을 볼 수 있다. 이동평균선이 모여 있다가 확산하는 모습을 잘 관찰해 보기 바란다.

A. 정배열 초기 종목 1

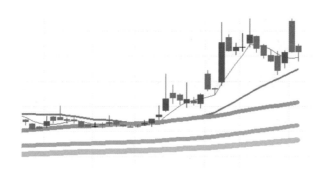

위의 차트를 보면 이동평균선이 모였다 확산하면서 주가가 위로 상승하고 있다.

B. 정배열 초기 종목 2

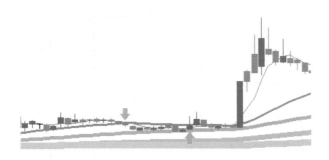

위의 그림도 역시 이동평균선이 모였다 확산하면서 주가가 위로 상승하고 있다.

C. 정배열 초기 종목 3

위의 그림에서도 이동평균선이 모였다 확산하면서 주가가 위로 급격히 상승하고 있다.

D. 정배열 초기 종목 4

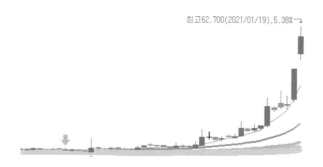

최고62,700(2021/01/19),5.38%

위의 그림에서도 이동평균선이 모였다 확산하면서 주가가 위로 상승하고 있다.

2) 정배열 초기 종목 검색 방법

정배열 초기 종목을 검색하는 방법은 모든 증권사의 HTS에 해당 기능이 있으므로 해당 증권사의 HTS 검색기능을 활용하면 된다. 필자는 여러 증권사의 HTS를 사용해 봤지만, 최근에 상당히 저렴해진 삼성증권의 HTS를 사용하고 있는데 삼성증권 HTS를 기준으로 정배열 종목을 검색하는 방법을 소개하고자 한다.

삼성증권 HTS를 켜서 아래와 같은 순서로 진행하면 된다.

차트/종목 검색 → 고급종목검색 → 일반검색 → 기술적 지표 → 추세 → 가격 이동평균 → 이평 정배열/역배열 검색한다. (혹은 추천조건 → 매수 → 이평밀집 정배열로도 검색 가능) 위 경로로 화면을 찾아 밑에 검색을 클릭하면 해당 종목이 검색된다. 이때 5일, 20일, 60일 MA(이동평균선)가 차례로 배열된 것 중 정배열 초기 종목만 관심을 가져야 한다. 역배열 종목도 투자에 활용할 수 있는데(기업 내용이 나쁘지 않다면 저가에 매수하여 장기전략으로 투자 가능) 신저가를 검색하여 투자도 가능하다. (역발상) (일반검색 → 가격지표 → 주가 분석 → 신고/신저 순으로 검색한다.)

(5) 첫 장대 양주봉, 첫 장대 양월봉 매매

1) 첫 장대 양주(월)봉 매매법

① 첫 장대 양주(월)봉 매매법이란?

어떤 종목의 주가가 바닥을 기고 있다가 거래량을 크게 터뜨리면서 주가가 크게 상승할 때(위 꼬리가 달린 경우도 포함) 해당 종목의 주(월)봉은 큰 장대 양봉의 모습을 그리게 된다. 이때 시장 상황이 나빠지거나 해당 기업에 악재가 없는 이상 그다음 주에는 주가가 더 상승하여 단기에 이익을 내고 나올 가망성이 훨씬 커진다. 즉 상승거래량이 터지면 주가가 추세를 전환하여 위로 올라갈 에너지가 훨씬 강하다는 것이다. 이러한 사실에 착안하여 단기 스윙 매매전략으로 해당 종목을 분할 매수하여 이익이 나면 팔고 나오는 전략을 '첫 장대 양주(월)봉 매매법'이라 한다. 물론 100% 위로 가지는 않지만 위로 올라갈 확률이 훨씬 높다. 주가가 밑으로 가는 경우는 대개 시장의 영향 때문이거나 그 기업의 돌발 악재 때문에 혹은 역배열 상태에서 나온 악성 매물의 영향 때문이다.

A. 첫 장대 양주봉 매매 종목 1

아래 차트는 어떤 종목의 주봉 차트인데 첫 장대 양주봉이 만들어진 종가 부근에서 분할 매수했을 경우 그다음 주 캔들에서 보듯이 상승 위 꼬리에서 얼마든지 이익을 실현할 수 있었을 것이다.

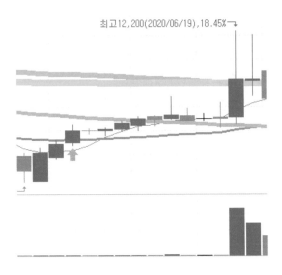

최고12,200(2020/06/19),18.45%

B. 첫 장대 양주봉 매매 종목 2

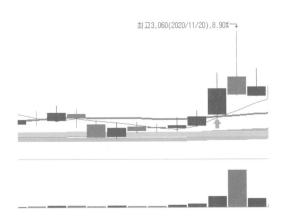

최고3,060(2020/11/20),8.90%

위 차트도 어떤 종목의 주봉 차트인데 첫 장대 양주봉이 만들어진 종가 부근에서 분할 매수했다면 그다음 주에 파랗고 긴 음봉이 만들어지긴 했지만 역시 긴 상승 위 꼬리에서 얼마든지 이익을 실현할 수 있었을 것이다.

C. 첫 장대 양주봉 매매 종목 3

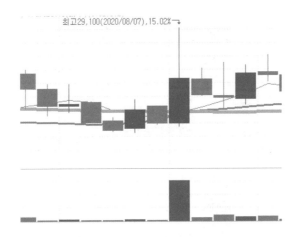

최고29,100(2020/08/07),15.02%

위 차트도 어떤 종목의 주봉 차트이다. 첫 장대 양주봉이 만들어진 종가 부근에서 분할 매수했다면 그다음 주에 음봉이 만들어지긴 했지만 역시 상승 위 꼬리에서(위 꼬리가 짧은 것 같지만 실제로는 10%가 넘는 위 꼬리가 발생했다) 이익을 실현할 수 있었을 것이다.

D. 첫 장대 양주봉 매매 종목 4

아래 차트도 어떤 종목의 주봉 차트인데 첫 장대 양주봉이 만들어진 종가 부근에서 분할 매수했다면 그다음 주에 음봉이 만들어지긴 했지만 역시 상승 위 꼬리에서(위 꼬리가 짧은 것 같지만 실제 5%가 넘는 위꼬리가 발생했다) 이익 실현할 수 있었을 것이다.

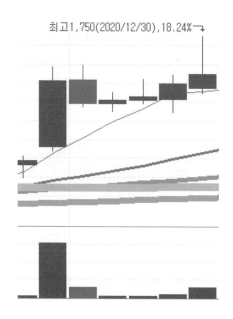

최고1,750(2020/12/30),18.24%

E. 첫 장대 양주봉 매매 종목 5

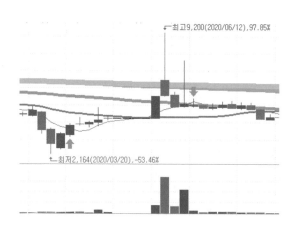

최고9,200(2020/06/12),97.85%

최저2,164(2020/03/20),-53.46%

위 차트는 어떤 종목의 주봉 차트인데 바닥에서 거래를 터뜨리며 몸통이 꽉 찬 첫 장대 양주봉이 만들어진 종가 부근에서 분할 매수했다면 그다음 주에는 9,200원까지 상승했던 긴 상승 위 꼬리에서 얼마든지 이익을 실현할 수 있었을 것이다.

하지만, 첫 장대 양주봉 후에 그다음 주 주봉이 하락하는 예도 있다. 이런 경우는 세 가지 경우를 생각할 수 있는데, 첫 번째는 시장 상황의 악화로 인해 모든 종목의 주가가 내리는 경우이고 두 번째로는 해당 기업의 돌발 악재로 인한 경우이며 마지막으로는 주가가 역배열 상태에서 위에 있는 저항 매물을 맞고 떨어지는 경우이다.

F. 첫 장대 양주봉 매매 실패 종목 1

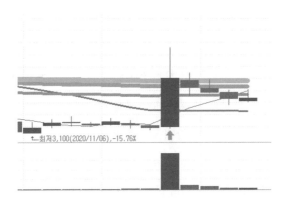

위 차트는 어떤 종목의 주봉 차트인데 바닥에서 거래를 터뜨리며 첫 장대 양주봉이 만들어진 종가 부근에서 분할 매수했다면 그다음 주에 위 꼬리가 짧아 아슬아슬하게 이익 실현을 할 수도 있었겠지만 약간 욕심을 부

렸다면 아마 첫 장대 양주봉 매매전략이 실패했을 것이다.

G. 첫 장대 양주봉 매매 실패 종목 2

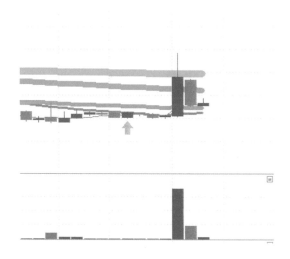

위 차트는 어떤 종목의 주봉 차트인데 바닥에서 거래를 터뜨리며 첫 장
대 양주봉이 만들어진 종가 부근에서 분할 매수했다면 그다음 주에 음봉
으로 밀려 버렸기 때문에 첫 장대 양주봉 매매전략은 실패했을 것이다.

2) 첫 장대 양주(월)봉 매매법을 활용할 때 주의사항

① 반드시 비교적 바닥 부근에서 첫 장대 양봉이 나온 경우에만 활용한
다. 주가 고점 부근에서 이런 매매를 남용한다면 꼭지에 물릴 수 있다.
② 위 꼬리는 되도록 몸통이 큰 것이 좋다. 위 꼬리가 길게 달리고 몸통
이 아주 작은 경우는 올라갈 확률이 절반 정도이다.

③ 첫 장대 양주(월)봉이 만들어진 것을 본 후 되도록 금요일(월말)에 분할매수하고 그다음 주(달)의 상승을 기대한다면 좀 더 효율적이다.

④ 반드시 시장 상황을 보고 분할매수 여부를 판단해야 한다.

⑤ 물렸을 경우 장기적으로 기다리는 전략을 써야 한다. 해당 종목이 우량주라면 첫 매수 평균단가에서 주가가 10% 정도 하락했을 때부터 매수한 물량의 100% 정도를 추가 매수한 후 추후 상황을 보아 단가를 더 낮추고 반등을 기다려야 한다.

⑥ 주봉뿐 아니라 월봉도 첫 상승 월봉의 끝 부근에서 매수하면 다음 달에 상승할 확률이 굉장히 높다. 따라서 첫 장대 양주봉, 첫 장대 양월봉 매매 둘 다 성공할 확률이 높다.

(6) 시총 상위 기업 박스권 매매

1) 박스권 종목 매매법

① 박스권 종목 매매법이란?

박스권 매매란 내가 이미 거래했던 종목 중(비교적 대형 우량주면 아주 성공률이 높다.) 주가가 크게 오르지 못하고 박스권에서 왔다 갔다 할 때 박스권 하단부에서 매수하여 큰 욕심 안 부리고 1% 이상 상승하면 매도하는 전략을 말한다. 상당히 안전한 단기 스윙전략이 될 수 있다.

A. 박스권 매매 종목 1

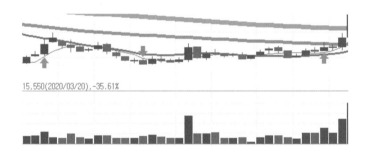

15,550(2020/03/20),-35.61%

위 종목은 상당히 저평가된 대형 우량주의 주봉 차트이다. 위 차트를 보면 주가가 1만 9천 원~2만 4천 원 사이를 왔다 갔다 하고 있다. 주가가 박스권 하단부인 2만 천 원 이하에서 매수하고 1% 이상 올랐을 때 매도한다면 안전한 매매전략이 될 것이다. 우량 대형주인 만큼 비교적 큰돈을 넣어도 걱정이 없다. 주가가 박스권일 경우 보조지표인 '볼린저밴드'

를 사용하면 상당히 효과적이다. 지지와 저항을 잘 보여 주기 때문이다.

B. 박스권 매매 종목 2

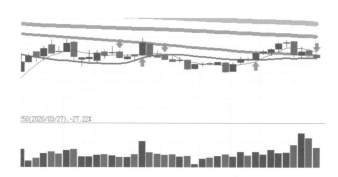

250(2020/03/27),-27.22%

위 종목도 상당히 저평가된 대형 우량주의 주봉 차트이다. 위 차트를 보면 주가가 2만 2천 원에서 2만 5,500원 사이를 왔다 갔다 하고 있다. 주가가 박스권 하단부인 2만 3천 원 이하에서 매수하고 1% 이상 오를 때 매도한다면 안전한 매매전략이 될 것이다. 우량 대형주인 만큼 역시 비교적 큰돈을 넣어도 걱정이 없다.

C. 박스권 매매 종목 3

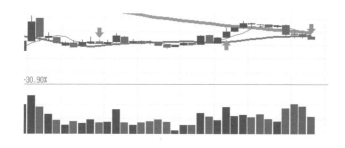

-30.90%

위 종목 역시 상당히 저평가된 대형 우량주의 주봉 차트이다. 위 차트를 보면 주가가 8천 원에서 만원 사이를 왔다 갔다 하고 있다. 주가가 박스권 하단부인 8천 5백 원 이하에서 매수하고 1% 이상 오를 때 매도한다면 안전한 매매전략이 될 것이다. 우량 대형주인 만큼 역시 비교적 큰돈을 넣어도 걱정이 없다.

D. 박스권 매매 종목 4

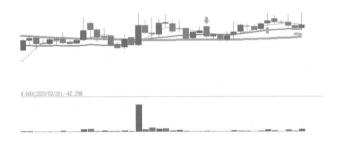

위 종목 역시 저평가된 우량주의 주봉 차트이다. 위 차트를 보면 주가가 2만 3천 원에서 2만 6천 원 사이를 왔다 갔다 하고 있다. 주가가 박스권 하단부인 2만 4천 원 이하에서 매수하고 1% 이상 오를 때 매도한다면 안전한 매매전략이 될 것이다.

2) 박스권 매매법을 활용할 때 주의사항
① 되도록 대형 우량주 주봉을 보고 주가 움직임을 세심히 관찰한다.
② 자기가 잘 아는 종목도 좋지만 저평가된 대형 우량주가 주봉상 박스권 저점에서 거래되는 것이 안전하다. 예) KT, KT&G, 한국전력, 은

행주, 주가 움직임이 작은 대형주 등

③ 종목이 선정되면 박스권 하단부에서 분할 매수하여 욕심부리지 말고 1% 이상 이익이 나면 매도한다. (1% 이상은 독자 여러분의 판단에 따라 더 드시면 된다.)

④ 반드시 시장 상황을 보고 매수 여부를 판단해야 한다. 시장이 폭락하면 박스권 하단부를 깨고 내려갈 수도 있다. 월봉이 상승 추세거나 최소한 박스권이면 아주 좋다.

(7) '상승 추세 추종 모멘텀' 종목 퀀트 매매

필자가 지난 2021년 1월 19일부터 2021년 7월 20일까지 상한가를 기록했던 200종목의 상한가 이후 모습을 추적해 보았다. (아래 캡처 이미지 참조)

그 결과 처음 상한가를 기록했던 종목이 나중에 시간외 상한가를 포함하여 다시 크게 상승할 확률은 약 50% 정도 되었다. 200종목 중 99종목이 처음 상한가 기록 후 다시 크게 상승했는데 상한가 간 종목을 추적한 결과 처음 상한가 갔던 종목이 그대로 하락할 확률과 크게 상승할 확률은 50% 대 50% 정도였다. 1회 상한가에 그친 경우가 50%, 1회 상한가를 기록한 후에 추가로 시간외 상한가 가거나 2회 상한가부터 3회~5회 상한가, 심지어 10회 상한가까지, 즉 첫 상한가 간 후 크게 상승할 확률이 50%나 되었다. 이런 상승 관성에 착안하여 바닥에서 첫 번째 상한가를 기록후 조정받는 종목들을 퀀트(여러 종목)로 사서 전체적으로 플러스 수익률일 때 전 종목을 다 매도하는 전략을 사용하면 어떨까? 2년 이상 관찰하고 검증한 결과 상당히 성공 확률이 높은 것으로 결론 내리게 되었다.

상한가 횟수와 시간 외상 횟수	1회 상한가	1회 상한가 후 시외 상 1~2회	2회 상한가 후 시외 상 1~2회	3회 상한가 후 시외 상 1회	4회 상한가 후 시외 상 1회	5회~10회 상한가
종목 수 (확률)	101 (50%)	11 (5.5%)	54 (27%)	23 (11.5%)	5 (2.5%)	6 (3%)

첫 상한가 갔던 종목이 다시 (시간 외) 상한가 갈 확률은 무려 50%
(2021년 1월 19일부터 7월 20일까지 상한가 기록했던 200종목 추적 결과)

필자가 이러한 결과에 기초하여 상한가 갔던 종목들을 관심 종목에 담아두고 상한가 간 후 오랜 기간 조정을 받는 것과 상관없이 불과 얼마 전에 상한가 기록한 종목들을 꼼꼼히 선정하지 않고 무작위로 선정한 종목 전체의 수익률을 관찰하였더니 충분히 스윙전략으로의 성공 가능성을 확인할 수 있었다.

['상승 추세 추종 모멘텀' 종목 선정요령과 주의사항]

1) 상한가 간 종목을 관심 종목에 입력하고 비교적 바닥에서 올라온 상한가 종목들을 매수 가능 종목으로 골라낸다. 상한가를 기록한 지 1주일에서 10주 정도 지난 종목이 적당하다. 비교적 고점에서 상한가를 기록한 종목은 관심 종목에서 제외한다.

2) 상한가를 기록한 후 피보나치 38.2%, 50%, 혹은 61.8% 조정받은 종목을 골라 여러 종목을 퀀트로 매수한다. (20종목에서 30종목 매수가 적당한데 필자의 관찰 결과 50종목을 매수할 때 더 안전하고 성공 확률이 더 높은 것으로 관찰되었다.)

3) 하락장에도 효과가 있지만 위 전략의 성공 확률을 더 높이려면 시장이 바닥을 확인했거나 시장이 안정된 상태 즉 상승 추세나 박스권장에서 종합주가지수가 최소한 2일에서 3일 이상 조정을 받은 후 시행하면 상당히 성공 확률이 높다. 종합주가지수 이한 삼온(2일 내리고 3일째 반등) 혹은 삼한 사온(3일 내리고 4일째 반등) 현상을 노리

고 전체 종합주가지수의 반등률보다 월등한 수익률을 기대하는 전략이다.

4) 플러스 난 종목과 마이너스 난 종목을 전체적으로 계산하여 플러스가 나면 바로 전 종목을 매도한다.

5) 혹시라도 나중에 물릴 가망성을 생각한다면 최소한 재무구조에 이상이 없는 우량 기업을 고르면 더 안전하다.

6) 만약에 복잡해서 종목을 고를 줄 모르겠다면 상한가 기록한 지 1주일이 지난 종목부터 10주 지난 종목들을 무작위로 관심 종목으로 입력한 뒤 이들 전체 종목 주가의 움직임을 관찰해 보자. 종합주가지수의 반등이 있는 날 아마 위에서 언급한 종목들의 상승률이 시장 상승률보다 높다는 인상을 받을 것이다. (물론, 종목을 무작위로 선정하면 급락하는 종목이 반드시 나온다.)

▶ 예시

필자가 상한가 간 후 조정받은 것과 아무 상관없이 무작위로 상한가를 기록한 종목들을 관심 종목으로 등록하고 관찰하였는데 (참고로 2022년 8월 23일은 종합주가 지수가 거의 -1% 정도 하락하는 폭락장이었는데도) 아래 종목들의 전체 수익률은 낮지 않았다. 상한가를 기록한 후 충분히 조정을 받은 종목만(예시에서는 상한가 기록한 지 4주 된 종목까지만 무작위로 매수하였다) 종합 주가 지수가 며칠 조정을 받는 날 여러 종목을 동일비중 퀀트로 매수하고 전체 수익률이 플러스일 경우 매도한다면 지수 대비 탁월한 수익률을 보여 줄 것이다.

아래에 까다롭게 종목 선정을 하지 않고 단순히 상한가를 기록했던 33
종목의 전체 수익률을 관찰해 보자. (2022년 8월 23일)

상한가 기록한 날 기준 1주~4주 후까지 상승 추세 추종 33종목의 주가 움직임

종목	현재가	등락	변동	등락률	거래량	수익률
세종텔레콤	581	▼	16	2.68%	2,003,450	10.96%
대동전자	17,850	▲	150	0.85%	1,835,600	59.72%
퀀타매트릭	8,470	▲	230	2.79%	7,352,356	93.76%
아가방컴퍼	4,135	▼	125	2.93%	5,235,185	227.82%
폴라리스우	5,380	▲	70	1.32%	816,301	82.83%
미투온	6,660	▲	20	0.30%	551,181	40.01%
엔지켐생명	3,850	▼	45	1.16%	373,388	42.20%
메가엠디	3,685	▼	40	1.07%	413,365	7.28%
휴스틸	7,630	▲	1,170	18.11%	8,686,089	446.98%
지투파워	13,050	▲	250	1.95%	278,696	79.97%
CBI	520	▲	10	1.89%	892,162	39.30%
대명에너지	25,900	▲	800	3.19%	653,736	122.92%
한국정보통	8,930	▼	150	1.65%	98,107	20.14%
미노시스	2,865	▼	45	1.55%	377,715	41.14%
한창바이오	4,480	▲	230	5.41%	1,301,195	32.75%
코닉오토메	4,555	▼	240	5.01%	1,094,343	49.45%
코미즈	3,630	▲	25	0.69%	521,320	23.24%
위메이드맥	20,100		0	0.00%	218,506	35.29%
알에프세미	4,125	▼	175	4.07%	198,511	48.76%
크라운제과	9,340	▼	140	1.48%	45,800	11.52%
케이피에프	8,070	▲	10	0.12%	1,007,790	50.34%
에스티큐브	22,200	▼	350	1.55%	267,208	23.13%
유일로보틱	29,300	▲	550	1.91%	664,795	87.80%
까스텔바작	9,940	▲	240	2.47%	87,621	44.81%
마스플로	8,750	▲	220	2.58%	207,329	39.10%
성안	1,030	▼	5	0.48%	353,564	33.49%
제닉	4,950		0	0.00%	77,235	18.15%
현대바이오	15,200	▲	150	0.98%	32,763	31.46%
국일신동	3,205		0	0.00%	83,733	15.19%
센트랄모텍	16,750	▼	250	1.47%	45,014	26.86%
압타바이오	16,800	▼	50	0.30%	143,967	23.03%
조일알미늄	2,240	▲	120	5.66%	6,836,735	288.50%
미래나노텍	9,160	▲	180	2.00%	1,065,147	33.74%

종합주가지수의 조정이 며칠 이어졌던 2022년 8월 23일, 위 33종목을

매수했다면 다음 날, 즉 종합주가 지수 0.5%의 반등이 있었던 날인 8월 24일에는 주가가 어떻게 되었을까? 아래 결과를 확인해 보자.

상승 추세 추종 33종목의 KOSPI 조정 후 반등 날 주가 움직임

	종목	현재가		등락	등락률	거래량	수익률
관	세종텔레콤	590	▲	13	2.25%	1,964,295	60.24%
셀	대동전자	18,650	▲	700	3.90%	1,703,565	75.55%
셀	켐타메트릭	8,200	▼	270	3.19%	650,351	7.97%
셀	아가방컴퍼	4,140	▲	155	3.89%	3,878,174	57.65%
셀	폴라리스우	5,490	▲	180	3.39%	1,828,222	44.09%
관	미투온	6,220	▼	250	3.86%	1,299,246	106.47%
셀	엔지켐생명	3,605	▼	145	3.87%	477,987	78.37%
셀	메가엠디	3,685	▼	10	0.27%	928,148	114.70%
셀	휴스틸	7,660	▲	150	2.00%	5,520,828	25.38%
관	지투파워	11,500	▼	900	7.26%	313,662	82.48%
셀	CBI	505	▲	12	2.32%	1,312,388	87.98%
셀	대명에너지	27,950	▲	2,100	8.12%	1,573,878	76.56%
셀	한국정보통	8,920	▲	200	2.29%	178,408	64.55%
셀	미노시스	2,745	▼	90	3.17%	739,223	106.97%
관	한창바이오	4,470		0	0.00%	1,164,397	62.19%
셀	코닉오토메	5,150	▲	690	15.47%	12,897,906	695.35%
셀	코이즈	3,560	▼	40	1.11%	369,621	50.08%
셀	위메이드맥	19,650	▼	50	0.25%	343,559	72.31%
셀	알에프세미	4,125	▼	10	0.24%	180,841	57.61%
셀	크라운제과	9,130	▼	70	0.76%	72,973	85.59%
셀	케이피에프	8,070	▼	70	0.86%	1,229,433	73.84%
일	에스티큐브	19,800	▼	2,750	12.20%	1,804,338	390.56%
셀	유일로보틱	31,300	▲	2,400	8.30%	1,414,459	150.32%
셀	까스텔바작	10,050	▲	180	1.82%	64,596	50.56%
셀	아스플로	8,610	▼	150	1.71%	345,382	65.45%
관	성안	1,010	▼	10	0.98%	3,452,598	367.64%
셀	재닉	5,120	▲	120	2.40%	320,703	200.33%
셀	현대바이오	15,500	▲	450	2.99%	80,735	95.37%
셀	국일신동	3,300	▲	90	2.80%	98,668	75.44%
셀	센트랄모텍	16,900	▲	550	3.36%	562,603	630.57%
셀	압타바이오	17,250	▲	650	3.92%	313,121	101.03%
셀	조일알미늄	2,320	▲	40	1.75%	16,230,382	68.53%
셀	미래나노텍	11,300	▲	1,580	16.26%	24,488,367	219.35%

위의 결과에서 보듯이 종합주가 지수의 반등 폭(0.5%)보다 최근 상

승추세가 강한 종목들의 전체 수익률이 훨씬 높았다. 만일 반등이 임박한 날 삼성전자를 사면 반등 날 1%대 수익밖에 나지 않을 확률이 높지만 위 전략을 사용하면 수익률이 훨씬 높다는 것이다. 매수 후 이틀 후인 8월 25일에도 종합주가지수의 반등이 이어졌는데 만일 매수 후 2일을 보유하고 있었다면 수익률은 더 높아졌을 것이다. 시장이 안정되어 있으면 위 전략을 자주 사용해도 되지만 시장이 불안정할 때는 주가 폭락을 기다렸다가 반등이 임박했다는 느낌이 드는 날(이한 삼온, 삼한 사온)부터 20~30%씩 분할매수 해서 전략의 안정성을 기하면 된다. 필자가 전달하려는 이 스윙전략의 포인트는 '하락의 기운을 떨치고 최근 상한가를 기록하면서 상승 추세로 전환을 꾀하는 종목들은 조정을 받은 후 다시 상승세를 이어갈 확률이 대단히 높다는 것'이다. 독자 여러분들은 위의 결과를 잘 응용하여 더 안전하고 성공 확률이 높은 매매전략을 만들 수 있을 것이라 믿는다.

Chapter 3

Super Rich 될 수 있는
장기투자 전략

　3장에서는 개인 투자자들이 부자가 될 수 있는 유일한 방법인 '초장기 투자 40가지' 전략을 기술하고자 한다. 정부와 금융투자 업계가 2020년 개인 계좌를 11년 간 조사한 결과 1년에 2천만 원 이상을 버는 개인은 겨우 5%밖에 되지 않았고 5천만 원 이상 버는 개인은 1%도 되지 않았다. 개인 투자자가 단타만 해서 부자가 될 수 있을까? 대한민국 개인 투자자 중 단타 능력이 뛰어난 사람이 과연 몇 명이나 될까? 지난 42년간 KOSPI의 주가 움직임을 보면 폭락과 반등의 역사가 혼재되어 있는데 폭락의 지뢰를 다 피하고 과연 단기매매를 전문으로 하는 개인 투자자들이 지속적으로 살아남을 수 있을까? 살아남아 큰돈을 번 투자자가 몇 명이나 될까? 필자가 20년 이상 위의 여러 가지 질문에 대한 대답을 고민한 결과 단기매매로 개인 투자자들이 부자가 되는 것은 정말 어려운 일이라는 사실을 깨닫게 되었고 개인 투자자가 부자가 되는 유일한 방법은 '워런 버핏'처럼 초장기 투자를 실천하는 길밖에 없다는 것을 깨닫게 되었다. 왜 그렇냐고? 필자의 이야기를 들어 보자.

1 장기투자만이 Super Rich가 될 수 있다

(1) '뻘짓거리'

　한국 주식시장에서 주식투자로 100억 이상을 번 사람들은 현재 주식투자자 약 1,400만 명 중에서 정말 손에 꼽을 정도로 적다. 그 사람들이 돈을 번 경험을 책으로 읽어보면 단타로 돈을 번 사람들이 일부 있긴 하지만 이익금 100억 넘는 사람이 거의 없고 그나마 가치투자로 돈을 번 극소수의 이익금이 수백 억에서 천 억대까지 분포해 있다. 주식시장에서 돈을 가장 많이 버는 방법은 짧은 기간에 이익금이 계속 복리로 늘어나는 것이다. 하지만, 이런 능력을 갖춘 사람은 없다. 단타로 크게 이익이 나서 주식 카페에 인증하고 자랑을 했다가도 주식시장을 떠나지 않는 이상 '탐욕과 공포의 게임'이 지속되어 다시 크게 잃게 되고 시장에 숨겨져 있는 지뢰를 요리조리 피해갈 수 있을 것 같지만 이익이 났다가 물리고 천신만고 끝에 탈출하고 또 물리고. 이런 식의 투자가 반복되는 것이다. 이런 와중에 '탁월한 단타 능력'을 가졌거나 '큰 폭락 때 저가에 매수한 행운이 있었던 사람들'이 돈을 버는 경우가 있다. 그렇지만 이런 행운은 벼락 맞을 만큼이나 대단히 드문 일이다. 주식시장에서 오래 살아남기도 어려운데 시장의 지뢰를 다 피해가면서 단타로 계속 돈을 번다는 것은 불가능한 일이다. 필자도 그랬지만 대다수 개인 투자자가 '투자의 긴 여정'을 보지 못하고 단기 이익에만 급급한 채로 오늘도 이런 '뻘짓거리'를 계속하고 있는 것이다.

(2) 큰돈 벌 방법은 Factor를 이용한 '초장기 투자'밖에 없어

개인 투자자들은 본인이 충분히 분석하고 투자한다고 하지만 어떤 계량적 근거나 통계를 통해 수익이 입증된 과학적 투자를 하지는 않는다. 한마디로 그동안 투자했던 경험, 즉, '감'으로 투자하는 것이다. '감으로 투자하는 것'은 성공이 검증된 투자전략이 아니다. 수년 전부터 20년 정도의 한국 시장 데이터를 분석한 계량적 분석 도구들이 등장했고 비록 과거의 흔적이긴 하지만 어떤 가치 요소(Factor)를 가진 종목들에 10년에서 20년 '초장기'로 투자했다면 부자가 될 수 있었다는 투자전략의 정답들이 나오기 시작했다. 마치 주식시장에서 1,000억을 벌었다는 어떤 고수에게 "어떻게 돈을 버신 건가요?" 하고 투자방식을 물어봤더니 단순히 말로만 설명해 주는 뜬구름 잡는 이야기가 아니고 정확한 투자 공식과 그 결과를 수치로 답해 주는 것처럼 말이다. 1,000억을 번 고수의 말을 들어봤더니 "이런 방식으로 투자하고 이런 정도의 기간을 인내했더니 이렇게 돈을 벌게 되었다"라는 대답을 말뿐 아니라 직접 공식과 숫자로 확인할 수 있는 순간이 온 것이다.

그런데 문제가 있다. 그렇게 분명히 돈을 벌 수 있다고 알려줘도 우선, 이러한 투자방식에 대한 믿음이 없으며, "시간이 너무 오래 걸린다." 불평하고, 주식투자자는 자주 손가락을 움직여야 하는데 손가락 움직일 일이 별로 없어 지루해하고, 시장이 폭락장을 맞으면서 계좌가 10여 회 이상 20%에서 60% 사이의 평가손실 나는 것을 견딜 수 없고, "야~! 10년에서 20년이라니 내가 죽은 뒤에 돈을 벌어 봐야 무슨 소용이야?"라며 무시해 버린다는 것이다. 그러면서 정답을 놔두고, 결과가 뻔한 '뻘짓거리'를 다시 시작하게 된다.

그런데 아무도 따라 하지 못하는 이런 투자방식을 지금까지도 실천하고 있는 사람이 있다. 컴퓨터가 찾아주는 검색의 힘을 빌리지 않고도 기업을 분석하고 종목을 선정하여 '초장기 투자'로 큰돈을 번 사람, 바로 오마하의 현명한 사람 '워런 버핏'이다.

　그는 복리의 마법과 큰 부자가 되려면 저평가된 기업을 매수하여 장기간 지속 보유해야 이익을 극대화할 수 있다는 사실을 알고 있었다. 그가 매수한 종목은 수십 년간 보유하고 있는 것도 있지만 평균 약 10년간 보유했다고 한다. 저평가되어 가치와의 괴리가 큰 종목에 '초장기' 투자방식을 실천하고 복리의 마법을 더해 그는 천문학적인 돈을 벌었다. 정확한 계산은 '워런 버핏' 자신도 불가능하겠지만 만일 그가 처음에 1억을 투자했고 복리 23%(알려진 수익률)의 수익률로 55년간 이익을 냈다면 세전 8조 8천억을 벌었다는 계산이 나온다. 그가 부자로 두각을 나타낸 것은 젊었을 때가 아니고 비로소 복리 효과가 나타난 60대 후반에서였다. 결론적으로 우리 같은 보통의 개인투자자들이 Super Rich가 될 수 있는 유일한 방법은 '아래와 같은 원칙을 지키는 것'밖에 없다. (필자가 말하는 투자 방법은 단순히 어떤 종목을 매수하고 계속 보유만 하는 것이 아니니 오해 없기를 바란다.)

1) 과거 시장에서 큰 이익을 낼 수 있었던 '가치 요소'(Factor)를 찾아 10종목에서 20종목을 매수한다.
2) 열 번 이상 -20%에서 -60%까지 폭락해도 주가는 결국 우상향하므로 실망하지 말고 인내한다. (만일 시장을 잘 읽을 수 있다면 폭락하기 전에 매도하는 것이 최상이겠지만 쉽지 않다는 것을 독자 여러분들도 아실 것이다. 능력이 있다면 폭락을 피해 가도 된다.)
3) 10년에서 20년간 약속된 기간 전에는 성급하게 매도하지 않는다.

4) 1년 혹은 6개월, 혹은 3개월, 혹은 한 달에 한 번씩 리밸런싱한다.

　(리밸런싱은 6개월 혹은 1년에 한 번 하는 것을 권고한다. 지나치게 자주 리밸런싱할 경우 매매 비용이 많이 발생하며 필자의 Back Test 결과 전반적으로 수익률이 많이 떨어지는 것을 확인할 수 있었다.)

　한국 시장에서는 장기투자가 안 먹힌다는 사람들에게 필자는 '리밸런싱의 비밀'을 이야기하고 싶다. 리밸런싱은 차익을 실현하고 종목을 교체하며 가지고 있는 종목들의 비중을 조절하여 단순히 보유만 하는 장기투자와는 엄청나게 다른 결과를 가져온다.

　다음 표는 필자가 직접 계산해 본 '복리 배수표'이다. 나의 수익률에 따라 내 원금이 몇 배나 되는지 확인해 보고 부자가 될 목표를 구체적으로 세워 보자.

[기간과 수익률에 따른 복리 배수]

(연 복리, 세전 금액)

수익률 기간	5%	10%	15%	20%	25%	30%	40%	50%	60%
5년	1.28배	1.61배	2.01배	2.48배	3.05배	3.71배	5.37배	7.59배	10.4배
10년	1.62배	2.59배	3.04배	6.19배	9.31배	13.7배	28.9배	57.6배	109.9배
15년	2.07배	4.17배	8.13배	15.4배	28.4배	51.1배	155.5배	437.8배	1,151배
20년	2.65배	6.72배	16.3배	38.3배	86.7배	190배	836.6배	3,324배	12,088배
25년	3.38배	10.8배	32.9배	95.3배	263.6배	704.6배	4,498배	25,250배	126,764배
30년	4.32배	16.4배	66.2배	237.3배	807.7배	2,619배	24,201배	191,751배	1,329,227배

Super Rich가 되기 위해 알아야 할 퀀트(Quant) 투자

(1) Factor를 이용한 퀀트 투자

퀀트 투자(Quantitative Investment)는 시카고대학 경제학과 교수이면서 1990년에 노벨 경제학상을 받은 해리 마코위츠(Harry Markowitz)가 발표한 '포트폴리오 선택 이론'에서 그 출발점을 찾을 수 있는데 마코위츠는 분산투자를 통해 상관계수가 낮은 자산들로 포트폴리오를 구성하면 개별자산에 투자했을 때보다 낮은 위험으로 개별자산에 기대했던 이익을 거둘 수 있다고 주장하였다. 퀀트 투자는 정성적인 분석이 훨씬 많은 개별자산에 투자하는 것이 아니라 수학과 통계를 이용한 계량적이고 규칙에 기반을 둔(rule-based) 투자를 적용하는데 이 책에서는 Super Rich가 되기 위해 소형주에 투자할 것이고 소형주의 위험을 방지할 목적으로 퀀트 투자를 권장할 것이다.

(2) 주가 수익률에 영향을 미치는 factor

그렇다면 만일 큰 부자가 되기 위해 어떤 요소들을 가진 종목을 검색해야 하는가?

아래와 같은 요소를 섞어 저평가된 종목을 찾아낸 후 초장기 투자해야 한다.

1) 밸류 팩터(Value Factor)- 가치주

예) PER, PBR, PSR, PCR, POR, PFCR, PAR, PGPR, PEG, 배당 수익률

2) 모멘텀 팩터(Momentum Factor)- 추세 추종

예) 1개월 모멘텀, 3개월 모멘텀, 6개월 모멘텀, 12개월 모멘텀

3) 퀄러티 팩터(Quality Factor)- 우량주

예) ROE, ROA, GP/A, F-Score

(3) Back Test로 과거 수익률 검증하기

특정한 투자 요소를 가진 여러 종목에 투자했다면 과거에는 얼마나 수익이 났을까? 과거의 데이터를 기반으로 직접 검증해 보는 작업을 Back Test라고 한다.

(4) 퀀트 투자의 문제점

1) 과체적화(Overfitting) 문제

'과체적화'란 주어진 일부 표본만 전적으로 신뢰하여 수익률이 잘 나오도록 변수를 인위적으로 끼워 맞추는 것을 말한다. 예를 들어 [저 PBR + 소형주를 샀더니 20년 간 연복리 20% 수익률이 나왔다고 하면서 2010년부터 2020년만 조사했는데 1999년부터 2009년에 는 전혀 다른 결과가 나왔다면 이는 일부러 수익률을 높이기 위해 본인이 원하는 변수를 끼워 맞춘 것이 된다.

2) 생존 편향(Survivorship Bias) 문제

성공한 사례만을 일반화시키는 오류로 주식시장에서 '상장 폐지'된 종목은 넣지 않고 살아남은 기업들만 수익률을 조사하는 경우가 생존 편향이다. 예를 들어 어떤 Factor에 집중해서 투자했더니 과거 20년간 수익률이 복리 25%라고 말하려면 상장 폐지된 회사를 수익률 0%로 잡아 전부 계산해야 하는데 그런 것은 빼고 살아남은 회사만 계산하게 되면 이런 편향에 빠질 수 있다.

3) 과거에 수익률이 높았던 Factor가 미래에도 수익률이 높을 것인지의 문제

4) 분명히 큰 마이너스 수익 구간이 올 텐데 버틸 수 있을 것인지의 문제

5) 장기적으로 퀀트 투자를 해야 복리 수익을 누릴 수 있는데 인내심을 가지고 끝까지 할 수 있느냐의 문제

(5) 소형주가 대형주와 비교해 수익률이 높다는 연구에 대하여

소형주가 대형주보다 수익률이 높다는 사실은 1981년 시카고 대학원생인 '롤프 반즈(Rolf Banz)'의 논문에서 처음 밝혀졌으며 '유진 파마와 케네스 프렌치'의 논문에 의해 널리 알려지게 되었다. '롤프 반즈'가 54년간의 미국시장을 연구한 후 소형주의 수익률이 대형주보다 연평균 3%가 높다는 사실을 발표하였다. 상식적으로 왜 소형주가 대형주보다 수익률이 높을까 생각해 보면 대형주는 기관의 애널리스트들이 주기적으로 실적을 추정하고 기업에 대해 지속적인 정보를 제공하여 효율적이지만 소형주의 경우에는 정보가 없고 기관이 투자하는 데에도 한계가 있으므로 비효율적인 정보로 인해 주가가 왜곡될 가능성이 훨씬 크다는 것은 충분히 예상할 수 있는 일이다. 필자도 직접 Back-Test를 통해 과거에 소형주가 대형주보다 수익률이 더 높았다는 사실을 확인할 수 있었다.

[현저히 높은 소형주 수익률]

시가총액대비 수익률(2022년 4월 말 기준)

구분	대형주 (상위 10%)	중형주 (상위 50%)	소형주 (하위 10%)	수익률 차이
1년	-11.43%	-8.66%	24.61%	36.04%
3년	7.9 %	13.79%	47.84%	39.94%
5년	4.77%	6.9 %	37.39%	32.62%
10년	4.79%	9.45%	44.8%	40.01%
20년	9.6 %	6.94%	44.44%	34.84%

(Source From: 강환국)

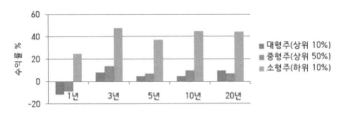

시가총액 대비 수익률(2002년 4월~2022년 4월)

[한국 시장 시가총액과 수익률과의 연관성]

Factor	수익률 (CAGR)	Factor	수익률 (CAGR)
시총 상위	3.32%	시총 하위	17.39%

[미국 시장 시가총액과 수익률과의 연관성]

Factor	수익률 (CAGR)	Factor	수익률 (CAGR)
시총 상위	4.16%	시총 하위	61.33%

그 밖에 어떤 Factor 들을 가진 기업들이 장기적으로 주가가 크게 올랐는지 필자가 한국 시장, 미국 시장을 Back-Test 해 보았다. 결과는 아래와 같다.

[한국 시장 Factor와 수익률과의 연관성]

Factor	수익률	Factor	수익률 (CAGR)
시총 상위	3.32%	시총 하위	17.39%
고 PBR	−73.56%	저 PBR	25.68%
고 PER	−30.27%	저 PER	29.1%
고 배당	23.02%	저 배당	11.69%
고 순이익성장률 (YoY)	13.7%	저 순이익성장률 (YoY)	18.3%
고 순이익성장률 (QoQ)	20.31%	저 순이익성장률 (QoQ)	19.71%
고 3개월 모멘텀	1.2%	저 3개월 모멘텀	−0.67%
고 F-Score	23.23%	저 F-Score	1.27%
고 ROE	10.02%	저 ROE	8.41%
고 GP/A	15.5%	저 GP/A	3.03%
고 영업이익성장률 (YoY)	19.28%	저 영업이익성장률 (YoY)	16.14%
고 영업이익성장률 (QoQ)	23.68%	저 영업이익성장률 (QoQ)	16.39%

고 매출액 성장률 (YoY)	22.03%	저 매출액 성장률 (YoY)	21.78%
고 매출액 성장률 (QoQ)	26.54%	저 매출액 성장률 (QoQ)	14.26%

1. 금융주, 지주사, 관리종목, 적자기업, 중국기업 제외하고 동일비중 20종목 매수
2. Back Test 기간: 2002. 05. 02~2022. 08. 01 (20년)　　　반기 리밸런싱
3. 매매 비용: 1%

[미국 시장 Factor와 수익률과의 연관성]

Factor	수익률	Factor	수익률 (CAGR)
시총 상위	4.16%	시총 하위	61.33%
고 PBR	32.39%	저 PBR	18.97%
고 PER	9.02%	저 PER	22.47%
고 배당	7.82%	저 배당	12.14%
고 순이익성장률 (YoY)	28.78%	저 순이익성장률 (YoY)	18.72%
고 순이익성장률 (QoQ)	25.07%	저 순이익성장률 (QoQ)	18.66%
고 3개월 모멘텀	16.41%	저 3개월 모멘텀	27.49%
고 F-Score	15.77%	저 F-Score	9.68%
고 ROE	19.7%	저 ROE	23.99%
고 GP/A	21.81%	저 GP/A	7.33%
고 영업이익성장률 (YoY)	28.33%	저 영업이익성장률 (YoY)	15.12%

고 영업이익성장률 (QoQ)	31.55%	저 영업이익성장률 (QoQ)	14.83%
고 매출액 성장률 (YoY)	25.38%	저 매출액 성장률 (YoY)	21.57%
고 매출액 성장률 (QoQ)	23.85%	저 매출액 성장률 (QoQ)	21.09%

1. 금융주, 지주사, 관리종목, 적자기업, 중국기업 제외하고 동일비중 20종목 매수
2. Back Test 기간: 2003.05.02~2022.08.01 (19년)   반기 리밸런싱
3. 매매 비용: 1%

위에서 한국 시장과 미국시장 모두 장기적으로 주가가 크게 올랐던 유의미한 요소들을 분석해 보면 그 요소들은 [소형주 + 이익증가 + 양호한 재무구조 + 배당]이었다. 이러한 결과는 아래 퀀트 투자자 홍용찬의 연구에서도 확인된다.

Factor	상위 5% 연평균 복리 수익률	하위 5% 연평균 복리 수익률
배당	17.46%	-2.55%
저 PER	14.91%	-0.84%
저 PSR	24.84%	-12.25%
저 PCR	24.69%	-5.03%
저 PBR	25.69%	-11.87%
NCAV 비율	22.41%	20.27%
싼 주가	17.12%	3.93%

(Source from: 홍용찬. Back Test 기간: 2000년~2017년)

시가총액에 따른 20년간의 수익률 분석

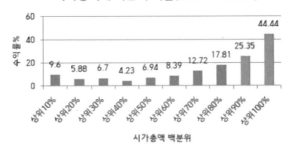

시가총액에 따른 수익률(2002.4~2022.4)

투자 전략 요소에 따른 20년간의 수익률 분석

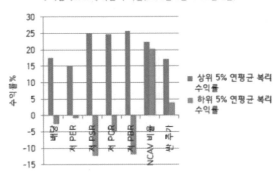

투자전략요소에 따른 수익률(2002년 4월~2022년 4월)

3 용어 이해와 자산 배분 전략

앞에서 언급했던 것처럼 부자가 되기 위해서는 '가치를 가진 Factor들을 포함하고 있는 기업'을 조건 검색하여 매수 후 리밸런싱만 하고 장기간 보유하는 전략을 써야 한다. 지금부터는 어떤 Factor를 가진 요소들을 혼합해서 기업들을 골라내고 투자해야 할지 과거의 Back Test 결과를 힌트 삼아 구체적인 전략을 세워 보고자 한다. "이것은 과거의 기록일 뿐이지 않아요?"라고 말할지 모르지만, 분명히 미래에도 높은 수익을 가져다줄 것이다. 그 이유는 아무나 따라 할 수 없고 어차피 필자가 말하는 투자 전략은 저평가 우량주에 투자하는 것이며 주가는 궁극적으로 이익의 함수이기 때문이다.

앞으로 큰 부자가 될 '초장기 투자'를 위해 우선 다음과 같은 용어를 반드시 이해해야 한다.

(1) 용어 이해

1) 리밸런싱(Rebalancing, 수익실현과 종목 교체 및 투자 종목의 비중을 조절하는 행위)

예를 들어 1억으로 20종목을 사면 한 종목당 비중이 500만 원이다. 1년에 한 번 리밸런싱 할 경우 1년 후 계좌를 열어보니 총액이 1억 2천만 원 되었다고 가정해 보자. 그렇다면 한 종목 당 600만 원씩으로 투자 비중을 맞추는 것이다. 1년 후 계좌를 열어 보니 어떤 종목은 800만 원 또 어떤 종목은 400만 원 되어 있으면 800만 원에서 이익 난 200만 원의 주식을 팔고 손해나서 400만 원 된 종목에 200만 원을 더 사서 비중을 맞추는 것이다. 정확하게는 맞출 수 없고 전체 종목의 비중을 대충 비슷하게 맞추면 된다. 반기에 리밸런싱 하는 전략을 세우면 6개월마다 하면 되고 분기에 한다면 3개월마다 그렇게 하면 된다. 물론, 그 시점에 내가 세운 전략을 다시 검색해 보니 다른 종목이 검색되고 몇 종목이 탈락하면 탈락한 것은 다 팔아 치우고 새로 검색된 종목은 다른 종목의 비중만큼 매수해야 한다.

2) MDD(Maximum Drawdown)- 투자하는 기간 동안 최악의 평가손실

3) CAGR(Compound Annual Growth Rate)- 연평균 성장률, 여기서는 연 복리

4) 샤프(Sharpe) 지수-William Sharpe가 개발한 지수로 1이라는 위험을 부담하는 대신 얻은 대가를 말하는데 위험 대비 초과 수익이 얼마인가를 측정하는 지표이다. 샤프 지수가 높을수록 투자성과가 성공적이라고 할 수 있다. 어떤 전략의 샤프 지수가 1 이상이면 위험 대비 수익이 양호한 것이다.

(2) 자기가 세운 투자 전략의 Factor에 부합하는 종목을 찾으려면?

① 자기가 사용하는 증권사 HTS 조건 검색(교집합)하기

자기가 사용하는 증권사의 HTS에 들어가 이 책에서 제시하는 전략들의 Factor를 교집합하여 입력하고 결과를 검색하여 종목들을 추출할 수 있는데 F-Score라든지, GP/A, 그리고 몇 지표들은 검색할 수 없고 실적에 대한 up-date가 느린 단점이 있다.

② 퀀트 업체의 툴을 이용하기

현재 유료 서비스를 준비하고 있거나 시행하고 있는 퀀트업체는 퀀터스, 퀀트킹, 젠포트, 올라테 정도이다. 빠른 실적 up-date와 다양한 지표들을 검색할 수 있지만 일 년에 한두 번 하는 리밸런싱을 위해서 적지 않

은 돈을 지불해야 하는 점은 부담스럽다.

(3) Warming-Up

Super Rich가 되기 위한 초장기 투자 전략 40가지를 공부하기 위해 먼저 준비 운동을 해 보려고 한다. 필자가 제시하는 전략은 과거의 데이터로 Back Test 한 결과 CAGR(복리) 30%대에서 60%대의 수익률을 기록하였는데 아마 이 글을 읽는 독자 여러분들께서는 "과연 미래에도 비슷한 수익이 날 것인가?" 의문을 가질 것이다.

확신하건대 필자가 제시하는 전략들은 위에서 언급한 것처럼 미래에도 훌륭한 수익이 날 것이다. 필자가 제시하는 전략이 실천하기 쉬워 보이지만 아무나 따라 할 수 있는 전략이 아니다. 분명히 대부분의 개인투자자는 하루하루 단기 이익에 급급하여 혹시 내가 투자한 돈이 날아가는 것이 아닌가? 조바심을 내면서 단기 시장에 일희일비하고 있을 것이다.

필자가 제시한 전략을 한 번 따라 해볼까? 시도했다가도 몇 년 아니 1년만 주가가 지지부진하면 필자에게 욕을 하며 시도한 전략을 바로 포기할 것이다. '워런 버핏'이 존경스러운 것은 단기 이익에만 급급하지 않고 저평가 우량주에 장기 투자하면 복리로 큰 이익을 얻을 수 있다는 사실을 깨닫고 남들이 하지 못하는 '극한 인내 투자'를 몸소 실천하여 천문학적인 이익을 얻었다는 것이다. 앞으로 필자가 제시한 투자 전략의 20년 역사를 말해 주는 그래프를 확인하게 될 텐데 수년간 안 오르다가 1년 만에 크게 오르고 또 횡보하다가 크게 오르고 또 내리다가 크게 오르는 극적인 모습을 확인할 수 있을 것이다. 그러므로 주가가 안 오른다고 실망할 필요가 없다. 결국 엄청난 이익은 고통과 인내의 대가로 얻는 것이므로 일시적인 하락이 있더라도 참고 견뎌야 한다. 필자가 제시한 전략을 실천할 수만 있다면 개인투자자들도 큰 부자가 될 수 있다고 필자는 확신하고 있다. 앞으로 제시하는 40가지의 전략을 독자 여러분이 더 연구하여 자기에게 맞는 투자 전략을 실천하면 된다. 수익률은 미래에 가면 약간 달라질 것이기 때문에 어떤 전략이 최상의 전략이라고 지금 말할 수는 없지만, 아래에 제시하는 어떤 전략을 구사해도 분명히 훌륭한 수익률을 기록할 것이다. 한 번만 더 부탁드린다. 절대 포기하지 말고 처음에 구사한 전략을 초장기간 지속 유지해야 한다. 배당이 필요한 사람은 배당만 받고 지속 복리 투자가 이루어져야 나중에 큰 이익을 달성할 수 있다는 사실을 명심해야 한다. 앞에서도 언급한 적이 있지만, 아래에 제시하는 전략에 맞는 종목은 여러분이 사용하는 증권사의 HTS 조건검색으로 혹은 유료로 제공하는 퀀트 업체의 프로그램을 사용하여 검색할 수 있다. 또 네이버 증권의 국내 증시에서 시가 총액과 다른 Factor들을 체크하여 종목을 골라낼 수도 있다. 지금부터 Back Test 자료에 등장하는 모든 수치는 Quantus의 자료에서 얻은 것임을 미리 밝혀둔다. Back Test 기간은 2002년~2022년까지 약 20년이다. 과거의 수익률은 이미 결정되었지만, 미래에는 어떤 전략의 수익률이 높을지 아무도 모른다. 최대의 복리 수익을 얻기 위해 끝까지 포기하지 말고 초장기 투자전략을 실천해 보자.

1) MDD와 자산 배분 Low Risk, Low Return 투자

MDD(Maximum Draw Down)는 투자하다가 생길 수 있는 최대의 평가손실을 말하는데 겁이 많은 투자자들은 MDD를 최대한 줄일 수 있는 투자를 해야 한다고 생각할 것이다. '워런 버핏'도 첫 번째 투자원칙이 Don't lose your money! 두 번째 원칙도 Don't forget the rule number 1! 이다. 그만큼 투자에서 원금을 지키는 것은 상당히 중요한 일이다. 만일, 주식투자로 원금 손실이 걱정된다면 수익성이 높지 않더라도 그만큼 위험 부담을 줄이는 투자를 할 수밖에 없다. 1990년 노벨 경제학상을 받은 '해리 마코위츠'의 주장처럼 상관성이 낮은 자산에 투자하는 자산 배분을 고려한다면 MDD를 낮출 수 있다. MDD가 두렵다면 아래에 제시하는 자산배분 전략을 이용해 리스크를 줄여 보자.

2) 주요 자산 배분 방식과 수익률

① 영구 포트폴리오 (미국 주식, 채권, 금, 현금에 25%씩 투자)

20년(2002년~2022년) 수익률은 CAGR 6.69% (1년 리밸런싱), MDD는 -13.52%

Portfolio Allocations

Portfolio 1

Asset Class	Allocation
US Stock Market	25.00%
Long Term Treasury	25.00%
Cash	25.00%
Gold	25.00%

包 Save portfolio »

● US Stock Market ● Long Term Treasury
● Cash ● Gold

Portfolio Returns

Portfolio	Initial Balance	Final Balance	CAGR	Stdev	Best Year	Worst Year	Max. Drawdown	Sharpe Ratio
Portfolio 1	$10,000	$37,931 ❶	6.69% ❶	6.55%	16.19%	-9.15%	-13.52% ❶	0.84

② 60/40 포트폴리오 (미국 주식 60%, 채권 40% 투자)

20년(2002년~2022년) 수익률은 CAGR 7.07% (1년 리밸런싱), MDD는 -30.72%

Portfolio Allocations

Portfolio 1

Asset Class	Allocation
US Stock Market	60.00%
Total US Bond Market	40.00%

🖺 Save portfolio »

● US Stock Market ● Total US Bond Market

Portfolio Returns

Portfolio	Initial Balance	Final Balance	CAGR	Stdev	Best Year	Worst Year	Max. Drawdown	Sharpe Ratio
Portfolio 1	$10,000	$40,790 ❸	7.07% ❸	9.16%	21.83%	-20.20%	-30.72% ❸	0.66

③ 올 웨더 포트폴리오 (4계절 포트폴리오. 여기서 주식은 미국, 유럽, 신흥 시장에 골고루 투자하고 채권도 미국 장기국채, 회사채, 신흥국 채권에 나누어 투자할 수 있다. 비중에 따라 수익률도 달라질 것이다.)

경제는 4계절이 존재하고 계절마다 잘 나가는 자산군이 존재하므로 각 계절에 잘 나가는 자산군에 투자하는 방식이다.

A. 주식 36%, 채권 50%, 금 7%, 원자재 7%에 투자

20년(2002년~2022년) 수익률은 CAGR 5.32% (1년 리밸런싱), MDD는 -23.4%

Portfolio Allocations

Portfolio 1

Asset Class	Allocation
US Stock Market	12.00%
Intl Developed ex-US Market	12.00%
Emerging Markets	12.00%
Commodities	7.00%
Gold	7.00%
Corporate Bonds	25.00%
Long Term Treasury	25.00%

- US Stock Market
- Intl Developed ex-US Market
- Emerging Markets
- Commodities
- Gold
- Corporate Bonds
- Long Term Treasury

🖺 Save portfolio »

Portfolio Returns

Portfolio	Initial Balance	Final Balance	CAGR	Stdev	Best Year	Worst Year	Max. Drawdown	Sharpe Ratio
Portfolio 1	$10,000	$22,425 ❶	5.32% ❶	8.82%	18.96%	-12.36%	-23.40% ❶	0.54

B. 주식 30%, 채권 55%, 원자재 15%에 투자

20년(2002년~2022년) 수익률은 CAGR 4.71% (1년 리밸런싱), MDD는 -25.27%

Portfolio Allocations

Portfolio 1

Asset Class	Allocation
US Stock Market	30.00%
Total US Bond Market	55.00%
Commodities	15.00%

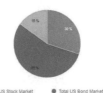

- US Stock Market
- Total US Bond Market
- Commodities

🖺 Save portfolio »

Portfolio Returns

Portfolio	Initial Balance	Final Balance	CAGR	Stdev	Best Year	Worst Year	Max. Drawdown	Sharpe Ratio
Portfolio 1	$10,000	$20,496 ❶	4.71% ❶	7.39%	16.27%	-15.20%	-25.27% ❶	0.55

자산 배분 방식은 위에서 소개한 것 말고도 상당히 다양하게 포트폴리오를 구성할 수 있다. 수익률은 어떤 포트폴리오를 구성하느냐에 따라 천차만별인데 정보에 의하면 일반적으로 자산 배분의 수익률은 8%~10% 언저리이며 MDD는 최상의 경우 -10%대까지 낮출 수 있다는 보고가 있

다. 필자는 자산 배분에 별 관심이 없는데 "주가가 하락하는 것이 무섭고 나는 수익률이 낮아도 좋으니 MDD를 낮출 수 있으면 좋겠다"는 생각을 하는 독자들은 자산 배분에 관심을 가져 보시면 좋겠다.

4 Super Rich 되기 위한 40가지 초장기 투자 전략

앞에서 MDD를 무서워하는 사람들을 위해 자산 배분을 소개하였는데 만일 MDD가 하나도 안 무섭고 무조건 버텨서 큰 수익을 얻고 싶다는 생각을 하고 있는 독자라면 자산 배분에 신경 쓰지 않아도 된다. 물론 시장이 폭락함으로 인해 내가 가진 주식들의 주가가 같이 폭락하면 대부분의 개인투자자들은 엄청난 스트레스를 받게 된다. 하지만 큰 부자가 될 것이라는 믿음을 가지고 긴 시간에 투자할 수 있는 투자자라면 곧 필자가 제시할 40가지 장기투자 전략을 믿고 그대로 버텨도 된다. 사실 주가가 폭락할 때는 주식을 팔아 현금을 보유하고 다시 바닥을 잡아 투자하는 것이 가장 현명한 일이지만 그렇게 시장의 지뢰를 피해 도망 다니기가 쉬운 것이 아니다. 매크로 변수를 다 읽고 시장 상황에 따라 Long과 Short에 자유자재로 투자하는 것은 거의 불가능하다. 아니, 아마 그렇게 할 수 있는 사람이라면 이미 주식시장에서 상상할 수 없는 돈을 벌었을 것이다. 그렇더라도 시장이 폭락할 때를 잘 파악하여 지뢰를 피해 다닐 수 있다면 당연히 그렇게 하면 될 것이다. 본인의 판단에 따라 주가가 어떤 방향으로 갈 것을 확신하면 포트폴리오를 청산하고 다시 현금을 보유한 뒤 쉬거나 아니면 Short, 혹은 인버스에 투자하면서 쌍방향으로 수익을 내면 좋겠지만 세계 경제에 무슨 일이 일어날지 모르기 때문에 보통의 개인투자자들은 변화무쌍한 시장 상황에 100% 맞게 대처하는 것은 거의 불가능하다.

시장이 나빠지면 위에서 소개한 자산 배분을 할 수도 있을 것이다. 필자는 자산 배분에 별로 관심이 없어서 평가손실이 나더라도 그냥 놔두고 하락이 확실하다 싶으면 전부 매도하고 잠시 관망하는 시간을 갖거나 단기매매에만 치중한다. 장기적으로 보면 결국 주가가 우상향할 것이기 때문에 인내할 수 있다면 그냥 놔둬도 큰 상관은 없다. 그럼 뭐 먹고 사냐고? 배당을 받아먹고 살면 된다. 주가가 우상향하고 큰 부자가 될 수 있다는 것을 어떻게 아냐고? 지금부터 제시할 필자의 Super Rich 되는 투자방식을 함께 연구해 보고 주가가 결국은 어느 방향으로 가는지 판단해 보자. Super Rich가 될 수 있는 초장기 투자 전략 40가지를 소개하고자 한다. 40가지 전략을 철저히 연구하여 본인에게 가장 효율적이라고 생각하는 전략을 장기간 실천해야 한다.

(1) 전략 1~전략 40

전략 1

[시가총액 하위 50% 이내 + 저 PER + 저 PBR + 고배당] 종목을 매수하는 전략 (반기 리밸런싱)

[매매조건]

1. 금융주, 지주사, 관리종목, 적자기업, 중국기업 제외, 동일비중 20종목 매수
2. 기간: 10년~20년 투자 (Back test는 2002년~2022년), 반기 리밸런싱
3. 매매 비용 1% 정도 예상

시총	Factor	R-기간	고배당	20년 CAGR
하위 50%	저 PER, 저 PBR	반기	○	52.09%

수익률	벤치마크	MDD	샤프 지수	1년 수익률	3년 수익률	5년 수익률	10년 수익률
52.09%	5.42%	-49.03%	1.65	2.16%	35.79%	26.86%	32.45%

20년 누적수익률: 489,376%   20년 벤치마크 누적수익률: 191.12%

[전략 1을 과거에 사용했을 때 최악의 평가손실 10회]

시작	회복	최악 손실률	회복에 걸린 기간
2007.10.11	2009.04.10	-49.03%	547일

2019.04.15	2020.08.11	−38.85%	484일
2022.04.27	2022.08.01	−26.35%	96일
2021.07.05	2022.04.05	−22.52%	274일
2018.06.26	2019.02.12	−22.19%	231일
2010.04.21	2010.10.06	−21.40%	168일
2011.04.15	2011.12.12	−20.11%	241일
2006.05.16	2006.11.03	−18.15%	171일
2002.12.30	2003.04.21	−15.79%	112일
2017.06.19	2018.01.29	−15.63%	224일

전략 1. 누적수익률 그래프

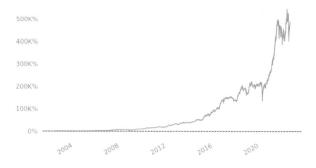

전략 1과 종합주가지수 누적수익률 비교- log Scaled 그래프

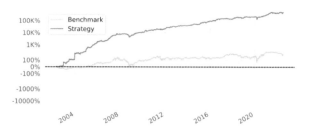

▶ 딱 한 번만 전략 해설

위 전략은 복리 수익률이 무려 50%가 넘고 MDD가 비교적 낮으며(다른 전략의 경우 대부분 최악 MDD는 -50%가 넘는다) 위험성 대비 대가를 나타내는 샤프 지수도 1.65(1 이상이면 좋다)로 아주 양호하다. 시가총액을 50% 이하로 늘렸는데도 불구하고 수익률이 아주 훌륭한 전략이다. 위의 Factor에 교집합 되는 20종목을 찾아 투자 여부를 결정하면 된다.

[시가총액 하위 50% 이내 + 고 GP/A + 고배당] 종목을 매수하는 전략 (반기 리밸런싱)

[매매조건]

1. 금융주, 지주사, 관리종목, 적자기업, 중국기업 제외, 동일비중 20종목 매수

2. 기간: 10년~20년 투자 (Back test는 2002년~2022년), 반기 리밸런싱

3. 매매 비용 1% 정도 예상 *고 GP/A 종목 검색은 퀀트 업체 툴을 이용해야 함

시총	Factor	R-기간	고배당	20년 CAGR
하위 50%	고 GP/A	반기	○	48.7%

수익률	벤치마크	MDD	샤프 지수	1년 수익률	3년 수익률	5년 수익률	10년 수익률
48.7%	5.42%	−55.39%	1.72	−4.24%	40.21%	31.34%	37.31%

20년 누적수익률: 310,182%　　20년 벤치마크 누적수익률: 191.12%

[전략 2를 과거에 사용했을 때 최악의 평가손실 10회]

시작	회복	최악 손실률	회복에 걸린 기간
2008.06.09	2009.04.13	−55.39%	308일
2020.01.28	2020.06.09	−40.84%	133일

2022.04.25	2022.08.01	−29.65%	98일
2002.05.20	2002.12.27	−23.39%	221일
2010.04.23	2010.10.20	−22.83%	180일
2018.06.08	2019.02.11	−22.78%	248일
2021.10.29	2022.03.18	−19.99%	140일
2006.04.18	2006.11.06	−19.77%	202일
2017.06.15	2018.02.20	−18.36%	250일
2011.08.02	2011.10.24	−17.40%	83일

전략 2. 누적수익률 그래프

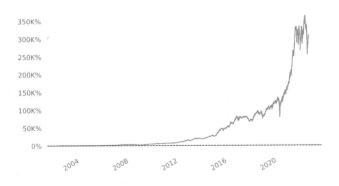

전략 2와 종합주가지수 누적수익률 비교- log Scaled 그래프

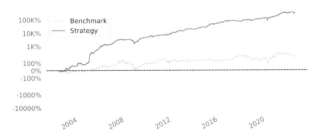

위 전략의 20년 차트를 보면 주가가 정말 안 오르다가 갑자기 확 오르고 또 하락하다가 크게 상승하는 것을 볼 수 있다. 이 엄청난 상승을 다 맛보려면 어떻게 해야 할까? 몇 년 투자하다가 안 오른다고 걷어차 버리면 어떻게 될까? 큰 부자가 되려면 오르든 말든 '초장기' 투자하면서 인내해야 한다. 정말 못 참겠다면 1년, 3년, 5년, 10년 수익률도 표시해두었으니 참고하여 투자해도 된다. 다만 투자 기간을 너무 줄이면 엄청난 복리의 이익을 온전히 누릴 수 없다는 점을 명심해야 한다.

전략 3

[시가총액 하위 50% 이내 + 고배당] 종목을 매수하는 전략 (반기 리밸런싱)

[매매조건]

1. 금융주, 지주사, 관리종목, 적자기업, 중국기업 제외, 동일비중 20종목 매수

2. 기간: 10년~20년 투자 (Back test는 2002년~2022년) , 반기 리밸런싱

3. 매매 비용 1% 정도 예상

시총	Factor	R-기간	고배당	20년 CAGR
하위 50%	없음	반기	○	48.58%

수익률	벤치마크	MDD	샤프지수	1년 수익률	3년 수익률	5년 수익률	10년 수익률
48.58%	5.42%	-51.62%	1.76	4.51%	41.22%	30.45%	37.48%

20년 누적수익률: 304,971%   20년 벤치마크 누적수익률: 191.12%

[전략 3을 과거에 사용했을 때 최악의 평가손실 10회]

시작	회복	최악 손실률	회복에 걸린 기간
2007.06.09	2009.04.10	-49.03%	547일
2019.04.15	2020.08.11	-38.85%	484일
2022.04.27	2022.08.01	-26.35%	96일
2021.07.05	2022.04.05	-22.52%	274일

2018.06.26	2019.02.12	-22.19%	231일
2010.04.21	2010.10.06	-21.40%	168일
2011.04.15	2011.12.12	-20.11%	241일
2006.05.16	2006.11.03	-18.15%	171일
2002.12.30	2003.04.21	-15.79%	112일
2017.06.19	2018.01.29	-15.63%	224일

전략 3. 누적수익률 그래프

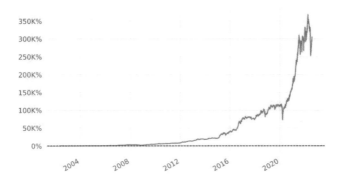

전략 3과 종합주가지수 누적수익률 비교- log Scaled 그래프

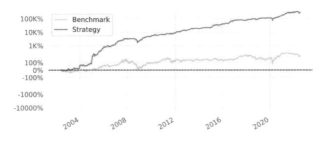

전략 4

[시가총액 하위 20% 이내 + 1개월 모멘텀 + 고배당] 종목을 매수하는 전략 (분기 리밸런싱)

1개월 모멘텀이란? 1개월 동안 주가 상승률이 높은 20종목

[매매조건]

1. 금융주, 지주사, 관리종목, 적자기업, 중국기업 제외, 동일비중 20종목 매수
2. 기간: 10년~20년 투자 (Back test는 2002년~2022년), 분기 리밸런싱
3. 매매 비용 1% 정도 예상

   (월별 혹은 분기별 리밸런싱을 하는 경우 필자가 적어 둔 1%보다 거래비용이 많이 들어 실제 수익률은 크게 하락할 수 있음에 주의하자)

시총	Factor	R-기간	고배당	20년 CAGR
하위 20%	1개월 모멘텀	분기	○	41.82%

수익률	벤치마크	MDD	샤프지수	1년 수익률	3년 수익률	5년 수익률	10년 수익률
41.82%	5.09%	−60.42%	1.57	9.51%	48.81%	35.81%	36.97%

20년 누적수익률: 120,528%   20년 벤치마크 누적수익률: 174.22%

[전략 4를 과거에 사용했을 때 최악의 평가손실 10회]

시작	회복	최악 손실률	회복에 걸린 기간
2007.09.18	2009.08.06	-60.42%	688일
2002.04.17	2004.05.03	-44.10%	747일
2010.03.31	2012.02.01	-30.17%	672일
2018.09.05	2019.06.13	-27.67%	281일
2006.05.12	2006.11.27	-26.40%	199일
2022.06.02	2022.08.01	-25.41%	60일
2020.02.12	2020.04.23	-23.67%	71일
2021.08.06	2021.11.15	-18.43%	101일
2015.07.24	2015.10.20	-17.12%	88일
2013.06.04	2014.05.14	-16.78%	344일

전략 4. 누적수익률 그래프

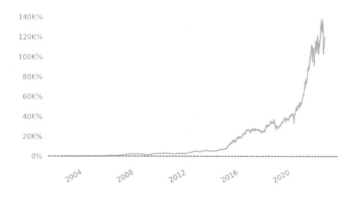

전략 4와 종합주가지수 누적수익률 비교- log Scaled 그래프

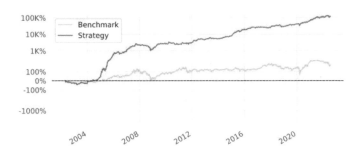

전략 5

[시가총액 하위 20% 이내 + 고배당] 종목을 매수하는 전략 (1년 리밸런싱)

[매매조건]

1. 금융주, 지주사, 관리종목, 적자기업, 중국기업 제외, 동일비중 20종목 매수

2. 기간: 10년~20년 투자 (Back test는 2002년~2022년), 1년 리밸런싱

3. 매매 비용 1% 정도 예상

시총	Factor	R-기간	고배당	20년 CAGR
하위 20%	없음	1년	○	45.73%

수익률	벤치마크	MDD	샤프지수	1년 수익률	3년 수익률	5년 수익률	10년 수익률
45.73%	5.09%	-53.45%	1.6	12.28%	28.74%	31.92%	33.92%

20년 누적수익률: 209,388%   20년 벤치마크 누적수익률: 174,22%

[전략 5를 과거에 사용했을 때 최악의 평가손실 10회]

시작	회복	최악 손실률	회복에 걸린 기간
2008.05.13	2009.07.14	-53.45%	427일
2019.07.25	2020.10.06	-34.51%	439일
2002.04.18	2002.12.27	-23.80%	253일
2006.05.15	2006.11.17	-22.59%	186일

2003.01.07	2003.05.26	−20.62%	139일
2022.06.02	2022.08.01	−20.29%	60일
2010.04.12	2010.10.18	−18.66%	189일
2011.08.02	2011.12.09	−18.61%	129일
2013.06.04	2014.05.21	−17.07%	351일
2015.07.22	2015.11.25	−16.86%	126일

전략 5. 누적수익률 그래프

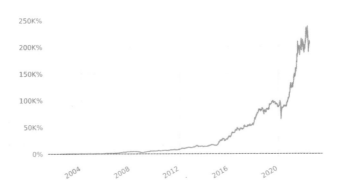

전략 5와 종합주가지수 누적수익률 비교- log Scaled 그래프

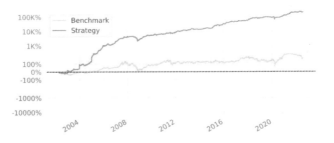

[시가총액 하위 20% 이내 + 3개월 모멘텀 + 고배당] 종목을 매수하는 전략 (반기 리밸런싱)

3개월 모멘텀이란? 3개월 동안 주가 상승률이 높은 20종목

[매매조건]

1. 금융주, 지주사, 관리종목, 적자기업, 중국기업 제외, 동일비중 20종목 매수

2. 기간: 10년~20년 투자 (Back test는 2002년~2022년), 반기 리밸런싱

3. 매매 비용 1% 정도 예상

시총	Factor	R-기간	고배당	20년 CAGR
하위 20%	3개월 모멘텀	반기	○	51.93%

수익률	벤치마크	MDD	샤프 지수	1년 수익률	3년 수익률	5년 수익률	10년 수익률
51.93%	5.41%	−51.28%	1.82	16.48%	33.29%	32.71%	45.55%

20년 누적수익률: 479,245%   20년 벤치마크 누적수익률: 190.72%

[전략 6을 과거에 사용했을 때 최악의 평가 손실 10회]

시작	회복	최악 손실률	회복에 걸린 기간
2008.06.25	2009.04.14	−51.28%	293일

2019.07.24	2020.11.25	−37.18%	490일
2010.03.23	2010.10.21	−25.07%	212일
2006.04.18	2006.09.13	−24.32%	148일
2015.06.25	2015.10.19	−21.71%	116일
2022.04.18	2022.08.01	−21.64%	105일
2002.12.30	2003.07.02	−20.66%	184일
2018.06.07	2019.04.11	−19.41%	308일
2011.08.02	2011.12.05	−18.72%	125일
2002.05.21	2002.12.27	−17.71%	220일

전략 6. 누적수익률 그래프

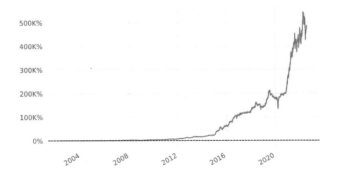

전략 6과 종합주가지수 누적수익률 비교- log Scaled 그래프

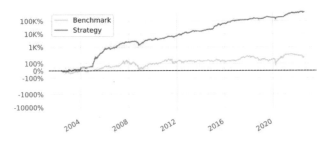

전략 7

[시가총액 하위 20% 이내 + 6개월 모멘텀 + 고배당] 종목을 매수하는 전략 (1년 리밸런싱)

6개월 모멘텀이란? 6개월 동안 주가 상승률이 높은 20종목

[매매조건]

1. 금융주, 지주사, 관리종목, 적자기업, 중국기업 제외, 동일비중 20종목 매수
2. 기간: 10년~20년 투자 (Back test는 2002년~2022년) 1년 리밸런싱
3. 매매 비용 1% 정도 예상

시총	Factor	R-기간	고배당	20년 CAGR
하위 20%	6개월 모멘텀	1년	○	41.24%

수익률	벤치마크	MDD	샤프 지수	1년 수익률	3년 수익률	5년 수익률	10년 수익률
41.24%	5.08%	-50.91%	1.5	-0.3%	45.09%	31.61%	31.18%

20년 누적수익률: 110,922%   20년 벤치마크 누적수익률: 173.37%

[전략 7을 과거에 사용했을 때 최악의 평가손실 10회]

시작	회복	최악 손실률	회복에 걸린 기간
2008.06.05	2009.04.13	-50.91%	312일

2002.04.19	2003.12.29	−41.41%	619일
2019.04.15	2020.08.04	−40.04%	477일
2018.06.08	2019.01.29	−33.00%	235일
2021.09.17	2022.03.28	−23.50%	192일
2015.08.10	2015.11.26	−23.00%	108일
2011.08.02	2011.12.12	−22.41%	132일
2016.10.07	2018.02.01	−22.00%	482일
2007.09.18	2008.05.28	−21.82%	253일
2022.06.07	2022.08.01	−21.56%	55일

전략 7. 누적수익률 그래프

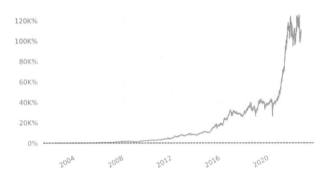

전략 7과 종합주가지수 누적수익률 비교- log Scaled 그래프

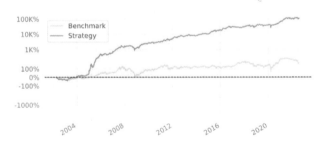

전략 8

[시가총액 하위 20% 이내 + 12개월 모멘텀 + 고배당] 종목을 매수하는 전략 (1 년 리밸런싱)

12개월 모멘텀이란? 12개월 동안 주가 상승률이 높은 20종목

[매매조건]

1. 금융주, 지주사, 관리종목, 적자기업, 중국기업 제외, 동일비중 20종 목 매수
2. 기간: 10년~20년 투자 (Back test는 2002년~2022년), 1년 리밸런싱
3. 매매 비용 1% 정도 예상

시총	Factor	R-기간	고배당	20년 CAGR
하위 20%	12개월 모멘텀	1년	○	52.35%

수익률	벤치마크	MDD	샤프 지수	1년 수익률	3년 수익률	5년 수익률	10년 수익률
52.35%	5.07%	-47.98%	1.74	-4.53%	50.19%	49.66%	51.21%

20년 누적수익률: 516,329%   20년 벤치마크 누적수익률: 173.23%

[전략 8을 과거에 사용했을 때 최악의 평가손실 10회]

시작	회복	최악 손실률	회복에 걸린 기간
2008.06.25	2009.04.07	-47.98%	286일

2002.07.10	2003.12.29	−43.63%	537일
2020.02.18	2020.08.10	−43.29%	174일
2011.04.14	2011.12.06	−28.63%	236일
2006.05.15	2006.11.01	−24.86%	170일
2018.09.12	2019.02.07	−21.59%	148일
2009.07.16	2010.03.16	−20.79%	243일
2022.06.02	2022.08.01	−20.29%	60일
2015.07.24	2015.10.13	−18.94%	81일
2021.08.09	2022.05.31	−18.82%	295일

전략 8. 누적수익률 그래프

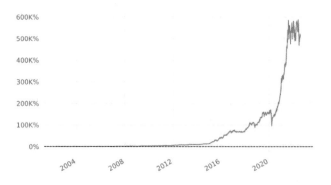

전략 8과 종합주가지수 누적수익률 비교- log Scaled 그래프

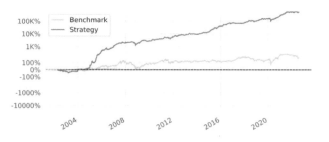

[시가총액 하위 20% 이내 + 고 GP/A + 고배당] 종목을 매수하는 전략 (1년 리밸런싱)

[매매조건]

1. 금융주, 지주사, 관리종목, 적자기업, 중국기업 제외, 동일비중 20종목 매수
2. 기간: 10년~20년 투자 (Back test는 2002년~2022년), 1년 리밸런싱
3. 매매 비용 1% 정도 예상

시총	Factor	R-기간	고배당	20년 CAGR
하위 20%	고 GP/A	1년	○	61.65%

수익률	벤치마크	MDD	샤프 지수	1년 수익률	3년 수익률	5년 수익률	10년 수익률
61.65%	5.09%	-55.15%	1.88	0.5%	65.08%	49.97%	55.77%

20년 누적수익률: 1,720,569%   20년 벤치마크 누적수익률: 174.22%

[전략 9를 과거에 사용했을 때 최악의 평가 손실 10회]

시작	회복	최악 손실률	회복에 걸린 기간
2008.01.10	2009.08.28	-55.15%	596일
2020.02.11	2020.05.11	-41.32%	90일
2018.06.07	2019.04.05	-28.39%	302일

2006.05.15	2006.11.17	-22.94%	186일
2003.01.07	2003.04.23	-20.85%	106일
2022.06.02	2022.08.01	-20.68%	60일
2002.04.18	2002.12.27	-20.15%	253일
2021.07.19	2022.01.03	-18.78%	168일
2011.08.02	2011.12.05	-18.57%	125일
2017.01.10	2018.01.25	-17.87%	380일

전략 9. 누적수익률 그래프

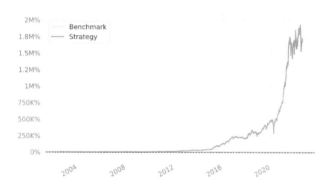

전략 9와 종합주가지수 누적수익률 비교- log Scaled 그래프

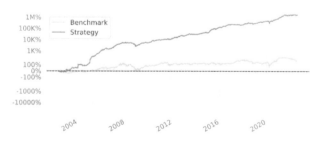

전략 10

[시가총액 하위 20% 이내 + 고 GP/A + 고배당] 종목을 매수하는 전략 (반기 리밸런싱)

[매매조건]

1. 금융주, 지주사, 관리종목, 적자기업, 중국기업 제외, 동일비중 20종목 매수
2. 기간: 10년~20년 투자 (Back test는 2002년~2022년), 반기 리밸런싱
3. 매매 비용 1% 정도 예상 *전략 9와는 리밸런싱 기간이 다름에 주의

시총	Factor	R-기간	고배당	20년 CAGR
하위 20%	고 GP/A	반기	○	64.36%

수익률	벤치마크	MDD	샤프 지수	1년 수익률	3년 수익률	5년 수익률	10년 수익률
64.36%	5.42%	-53.06%	2.01	9.34%	56.71%	50.49%	64.4%

20년 누적수익률: 2,359,960%   20년 벤치마크 누적수익률: 191.12%

[전략 10을 과거에 사용했을 때 최악의 평가손실 10회]

시작	회복	최악 손실률	회복에 걸린 기간
2008.06.09	2009.04.22	-53.06%	317일
2020.01.28	2020.07.15	-45.10%	169일
2018.06.29	2019.04.02	-27.09%	277일

2022.04.22	2022.08.01	-21.97%	101일
2006.05.15	2006.09.21	-21.27%	129일
2015.07.03	2015.10.12	-20.61%	101일
2021.07.19	2022.01.03	-19.67%	168일
2003.01.06	2003.04.23	-19.11%	107일
2010.04.28	2010.08.02	-18.30%	96일
2013.05.23	2014.03.27	-16.55%	308일

전략 10. 누적수익률 그래프

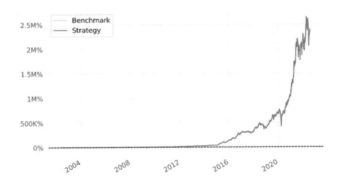

전략 10과 종합주가지수 누적수익률 비교- log Scaled 그래프

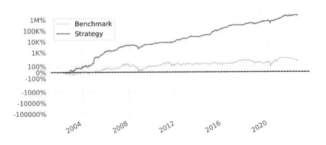

전략 11

[시가총액 하위 20% 이내 + 고배당] 종목을 매수하는 전략 (반기 리밸런싱)

[매매조건]

1. 금융주, 지주사, 관리종목, 적자기업, 중국기업 제외, 동일비중 20종목 매수

2. 기간: 10년~20년 투자 (Back test는 2002년~2022년), 반기 리밸런싱

3. 매매 비용 1% 정도 예상

시총	Factor	R-기간	고배당	20년 CAGR
하위 20%	없음	반기	○	43.75%

수익률	벤치마크	MDD	샤프 지수	1년 수익률	3년 수익률	5년 수익률	10년 수익률
43.75%	5.42%	-53.41%	1.63	17.35%	30.92%	29.14%	29.28%

20년 누적수익률: 155,991%   20년 벤치마크 누적수익률: 191.12%

[전략 11을 과거에 사용했을 때 최악의 평가손실 10회]

시작	회복	최악 손실률	회복에 걸린 기간
2008.06.09	2009.04.22	-53.41%	317일
2019.07.25	2020.11.20	-29.94%	484일
2003.01.15	2003.04.22	-22.56%	97일
2006.05.15	2006.09.19	-22.13%	127일

2022.04.22	2022.08.01	−21.72%	101일
2011.08.02	2012.01.12	−19.83%	163일
2013.06.04	2014.05.21	−18.97%	351일
2012.02.23	2012.09.10	−18.53%	200일
2005.03.16	2005.06.22	−16.79%	98일
2010.04.21	2010.08.03	−16.68%	104일

전략 11. 누적수익률 그래프

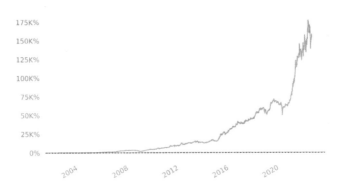

전략 11과 종합주가지수 누적수익률 비교- log Scaled 그래프

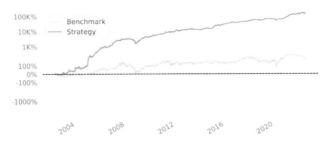

전략 12

[시가총액 하위 20% 이내 + 고배당] 종목을 매수하는 전략 (분기 리밸런싱)

[매매조건]

1. 금융주, 지주사, 관리종목, 적자기업, 중국기업 제외, 동일비중 20종 목 매수

2. 기간: 10년~20년 투자 (Back test는 2002년~2022년), 분기 리밸런싱

3. 매매 비용 1% 정도 예상 *전략 11과는 리밸런싱 기간이 다름에 주의 (월별 혹은 분기별 리밸런싱을 하는 경우 필자가 적어 둔 1%보다 거래비용이 많이 들어 실제 수익률은 크게 하락할 수 있음에 주의하자)

시총	Factor	R-기간	고배당	20년 CAGR
하위 20%	없음	분기	○	42.3%

수익률	벤치마크	MDD	샤프 지수	1년 수익률	3년 수익률	5년 수익률	10년 수익률
42.3%	5.09%	-61.29%	1.56	23.44%	47.75%	33.31%	31.88%

20년 누적수익률: 129,021.85%   20년 벤치마크 누적수익률: 174.22%

[전략 12를 과거에 사용했을 때 최악의 평가손실 10회]

시작	회복	최악 손실률	회복에 걸린 기간
2007.09.17	2009.08.04	-61.29%	687일
2002.04.18	2003.07.07	-33.48%	445일

2018.09.05	2020.02.10	−26.61%	523일
2020.02.12	2020.08.11	−26.30%	181일
2022.06.02	2022.08.01	−24.86%	60일
2011.08.02	2011.11.14	−21.86%	104일
2006.05.15	2006.09.14	−21.39%	122일
2012.03.09	2012.09.12	−19.33%	187일
2021.07.19	2021.11.12	−19.26%	116일
2005.03.16	2005.06.29	−18.50%	105일

전략 12. 누적수익률 그래프

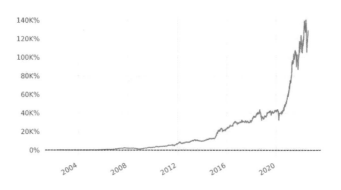

전략 12와 종합주가지수 누적수익률 비교- log Scaled 그래프

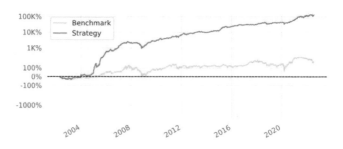

[시가총액 하위 20% 이내 + 영업이익과 순이익이 QoQ, YoY 증가 + 고배당] 종목을 매수하는 전략 (반기 리밸런싱)

[매매조건]

1. 금융주, 지주사, 관리종목, 적자기업, 중국기업 제외, 동일비중 20종목 매수
2. 기간: 10년~20년 투자 (Back test는 2002년~2022년), 반기 리밸런싱
3. 매매 비용 1% 정도 예상

시총	Factor	R-기간	고배당	20년 CAGR
하위 20%	영업이익 순이익 QoQ, YoY 증가	반기	○	45.24%

수익률	벤치마크	MDD	샤프 지수	1년 수익률	3년 수익률	5년 수익률	10년 수익률
45.24%	5.42%	-54.23%	1.67	10.0%	55.91%	47.61%	48.97%

20년 누적수익률: 192,375.00%   20년 벤치마크 누적수익률: 191.12%

[전략 13을 과거에 사용했을 때 최악의 평가 손실 10회]

시작	회복	최악 손실률	회복에 걸린 기간
2008.06.17	2010.02.24	-54.23%	617일
2020.01.28	2020.07.20	-46.26%	174일
2011.02.09	2012.02.17	-31.31%	373일

2002.07.10	2003.06.27	−31.00%	352일
2018.08.10	2019.04.02	−24.26%	235일
2022.04.22	2022.08.01	−23.22%	101일
2004.01.08	2004.12.23	−23.10%	350일
2013.03.18	2014.05.14	−21.14%	422일
2006.05.16	2006.11.01	−20.70%	169일
2007.09.18	2008.04.04	−20.18%	199일

전략 13. 누적수익률 그래프]

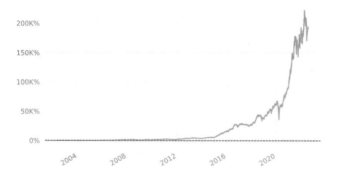

전략 13과 종합주가지수 누적수익률 비교- log Scaled 그래프

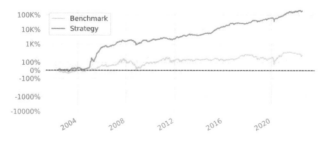

[시가총액 하위 20% 이내 + 저 PBR + 고배당] 종목을 매수하는 전략 (반기 리밸런싱)

[매매조건]

1. 금융주, 지주사, 관리종목, 적자기업, 중국기업 제외, 동일비중 20종목 매수
2. 기간: 10년~20년 투자 (Back test는 2002년~2022년), 반기 리밸런싱
3. 매매 비용 1% 정도 예상

시총	Factor	R-기간	고배당	20년 CAGR
하위 20%	저 PBR	반기	○	45.29%

수익률	벤치마크	MDD	샤프 지수	1년 수익률	3년 수익률	5년 수익률	10년 수익률
45.29%	5.42%	-50.34%	1.64	18.39%	40.21%	37.67%	34.93%

20년 누적수익률: 193,655.85%   20년 벤치마크 누적수익률: 191.12%

[전략 14를 과거에 사용했을 때 최악의 평가손실 10회]

시작	회복	최악 손실률	회복에 걸린 기간
2007.09.18	2009.04.13	-50.34%	573일
2020.01.28	2020.09.07	-42.26%	223일
2010.04.19	2011.04.04	-29.23%	350일

2022.04.18	2022.08.01	−22.43%	105일
2006.05.15	2006.10.19	−22.11%	157일
2012.09.13	2014.05.28	−21.47%	622일
2009.08.10	2010.03.15	−20.19%	217일
2011.08.02	2012.01.16	−20.00%	167일
2002.12.30	2003.05.23	−18.21%	144일
2022.01.06	2022.03.31	−15.97%	84일

전략 14. 누적수익률 그래프

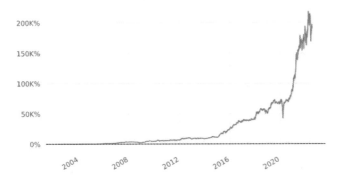

전략 14와 종합주가지수 누적수익률 비교- log Scaled 그래프

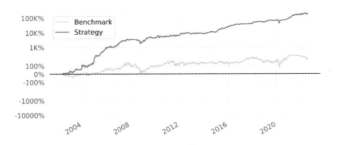

전략 15

[시가총액 하위 20% 이내 + 저 PBR + 고배당] 종목을 매수하는 전략 (분기 리밸런싱)

[매매조건]

1. 금융주, 지주사, 관리종목, 적자기업, 중국기업 제외, 동일비중 20종목 매수
2. 기간: 10년~20년 투자 (Back test는 2002년~2022년), 분기 리밸런싱
3. 매매 비용 1% 정도 예상 *전략 14와는 리밸런싱 기간이 다름에 주의 (월별 혹은 분기별 리밸런싱을 하는 경우 필자가 적어 둔 1%보다 거래비용이 많이 들어 실제 수익률은 크게 하락할 수 있음에 주의하자)

시총	Factor	R-기간	고배당	20년 CAGR
하위 20%	저 PBR	분기	○	44.27%

수익률	벤치마크	MDD	샤프 지수	1년 수익률	3년 수익률	5년 수익률	10년 수익률
44.27%	5.09%	-57.19%	1.55	24.63%	53.64%	39.11%	38.56%

20년 누적수익률: 170,763.94%   20년 벤치마크 누적수익률: 174.22%

[전략 15를 과거에 사용했을 때 최악의 평가 손실 10회]

시작	회복	최악 손실률	회복에 걸린 기간
2007.10.04	2009.08.13	-57.19%	679일

2020.01.12	2020.09.14	-44.05%	215일
2010.03.19	2011.03.21	-32.79%	367일
2002.04.17	2003.06.27	-26.04%	436일
2018.09.05	2019.03.13	-25.25%	189일
2022.06.02	2022.08.01	-24.10%	60일
2011.08.02	2011.11.29	-22.62%	119일
2021.07.19	2021.11.12	-19.29%	116일
2006.05.15	2006.10.31	-18.94%	169일
2012.03.20	2013.05.27	-18.38%	433일

전략 15. 누적수익률 그래프

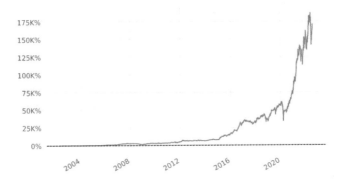

전략 15와 종합주가지수 누적수익률 비교- log Scaled 그래프

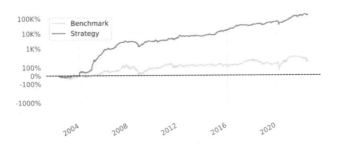

전략 16

[시가총액 하위 20% 이내 + 저 PER + 저 PBR + 저 PCR + 저 PSR + 고배당] 종목을 매수하는 전략 (반기 리밸런싱)

[매매조건]

1. 금융주, 지주사, 관리종목, 적자기업, 중국기업 제외, 동일비중 20종 목 매수
2. 기간: 10년~20년 투자 (Back test는 2002년~2022년), 반기 리밸런싱
3. 매매 비용 1% 정도 예상

시총	Factor			R-기간	고배당	20년 CAGR
하위 20%	저 PER + 저 PBR + 저 PCR + 저 PSR			반기	○	51.82%

수익률	벤치마크	MDD	샤프 지수	1년 수익률	3년 수익률	5년 수익률	10년 수익률
51.82%	5.42%	−55.22%	1.8	7.13%	58.62%	46.27%	48.84%

20년 누적수익률: 472,107.00%   20년 벤치마크 누적수익률: 191.12%

[전략 16을 과거에 사용했을 때 최악의 평가 손실 10회]

시작	회복	최악 손실률	회복에 걸린 기간
2007.09.18	2009.05.11	−55.22%	601일
2020.01.28	2020.08.10	−43.46%	195일
2002.07.10	2003.06.02	−34.82%	327일

2010.04.02	2011.04.07	−26.92%	370일
2018.06.29	2019.04.02	−25.88%	277일
2011.04.15	2012.01.12	−25.47%	272일
2022.04.22	2022.08.01	−21.97%	101일
2021.07.19	2022.01.04	−20.33%	169일
2012.10.18	2013.03.08	−20.20%	141일
2006.05.16	2006.11.17	−19.99%	185일

전략 16. 누적수익률 그래프

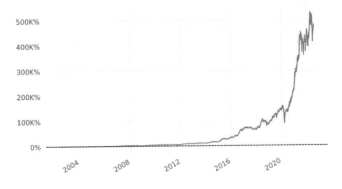

전략 16과 종합주가지수 누적수익률 비교- log Scaled 그래프

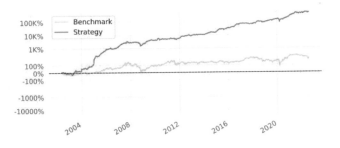

전략 17

[시가총액 하위 20% 이내 + 저 PCR + 저 PSR + 고배당] 종목을 매수하는 전략 (반기 리밸런싱)

[매매조건]

1. 금융주, 지주사, 관리종목, 적자기업, 중국기업 제외, 동일비중 20종목 매수
2. 기간: 10년~20년 투자 (Back test는 2002년~2022년), 반기 리밸런싱
3. 매매 비용 1% 정도 예상

시총	Factor	R-기간	고배당	20년 CAGR
하위 20%	저 PCR + 저 PSR	반기	○	51.15%

수익률	벤치마크	MDD	샤프 지수	1년 수익률	3년 수익률	5년 수익률	10년 수익률
51.15%	5.42%	-52.1%	1.8	6.91%	64.32%	48.47%	46.93%

20년 누적수익률: 431,614.00%   20년 벤치마크 누적수익률: 191.12%

[전략 17을 과거에 사용했을 때 최악의 평가 손실 10회]

시작	회복	최악 손실률	회복에 걸린 기간
2007.09.18	2009.04.22	-52.10%	582일
2020.01.28	2020.05.27	-40.42%	120일
2002.07.10	2003.06.02	-34.82%	327일

2010.04.02	2011.12.12	−28.38%	619일
2018.06.29	2019.04.03	−27.76%	278일
2022.04.22	2022.08.01	−21.97%	101일
2012.09.20	2013.05.15	−21.90%	237일
2006.05.15	2006.11.17	−20.86%	186일
2021.07.28	2022.01.04	−19.21%	160일
2009.08.14	2010.03.04	−17.26%	202일

전략 17. 누적수익률 그래프

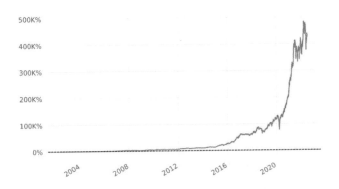

전략 17과 종합주가지수 누적수익률 비교- log Scaled 그래프

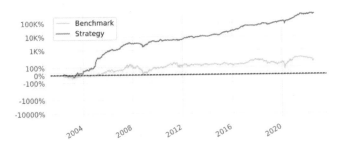

[시가총액 하위 20% 이내 + 저 PCR + 고배당] 종목을 매수하는 전략 (반기 리밸런싱)

[매매조건]

1. 금융주, 지주사, 관리종목, 적자기업, 중국기업 제외, 동일비중 20종목 매수

2. 기간: 10년~20년 투자 (Back test는 2002년~2022년), 반기 리밸런싱

3. 매매 비용 1% 정도 예상

시총	Factor	R-기간	고배당	20년 CAGR
하위 20%	저 PCR	반기	○	49.01%

수익률	벤치마크	MDD	샤프 지수	1년 수익률	3년 수익률	5년 수익률	10년 수익률
49.01%	5.41%	-55.07%	1.72	2.45%	48.71%	34.58%	38.57%

20년 누적수익률: 323,920%   20년 벤치마크 누적수익률: 191.12%

[전략 18을 과거에 사용했을 때 최악의 평가 손실 10회]

시작	회복	최악 손실률	회복에 걸린 기간
2007.09.18	2009.08.12	-55.07%	694일
2020.02.18	2020.05.26	-43.48%	98일
2002.07.10	2003.07.04	-30.89%	359일

2010.04.26	2010.11.04	−26.23%	192일
2006.05.15	2006.11.17	−22.81%	186일
2022.05.04	2022.08.01	−22.02%	89일
2021.08.09	2022.03.31	−21.38%	234일
2015.07.22	2015.10.12	−20.31%	82일
2018.10.02	2019.01.10	−19.17%	100일
2011.04.14	2011.12.07	−19.06%	237일

전략 18. 누적수익률 그래프

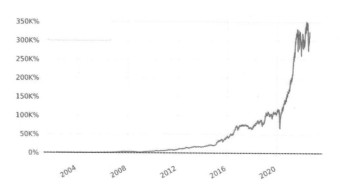

전략 18과 종합주가지수 누적수익률 비교- log Scaled 그래프

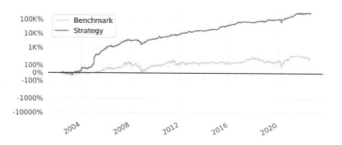

[시가총액 하위 20% 이내 + 저 PER + 고배당] 종목을 매수하는 전략 (반기 리밸런싱)

[매매조건]

1. 금융주, 지주사, 관리종목, 적자기업, 중국기업 제외, 동일비중 20종목 매수
2. 기간: 10년~20년 투자 (Back test는 2002년~2022년), 반기 리밸런싱
3. 매매 비용 1% 정도 예상

시총	Factor	R-기간	고배당	20년 CAGR
하위 20%	저 PER	반기	○	58.53%

수익률	벤치마크	MDD	샤프 지수	1년 수익률	3년 수익률	5년 수익률	10년 수익률
58.53%	5.42%	-52.02%	1.87	2.85%	53.42%	45.76%	50.7%

20년 누적수익률: 1,134,139.36%   20년 벤치마크 누적수익률: 191.12%

[전략 19를 과거에 사용했을 때 최악의 평가 손실 10회]

시작	회복	최악 손실률	회복에 걸린 기간
2008.06.09	2009.04.13	-52.02%	308일
2020.01.28	2020.07.13	-42.55%	167일
2018.06.29	2019.04.19	-25.80%	294일

2010.04.02	2010.10.11	−25.29%	192일
2022.04.22	2022.08.01	−23.37%	101일
2021.07.19	2022.01.04	−20.70%	169일
2002.12.30	2003.04.23	−20.37%	114일
2006.05.16	2006.09.21	−20.26%	128일
2016.10.07	2018.01.11	−19.77%	461일
2015.07.27	2015.10.05	−17.13%	70일

전략 19. 누적수익률 그래프

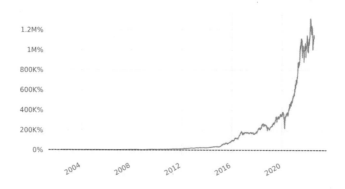

전략 19와 종합주가지수 누적수익률 비교- log Scaled 그래프

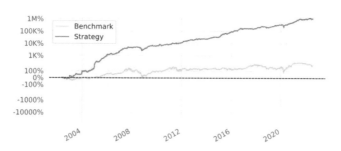

전략 20

[시가총액 하위 50% 이내 + 저 PER + 고배당] 종목을 매수하는 전략 (반기 리밸런싱)

[매매조건]

1. 금융주, 지주사, 관리종목, 적자기업, 중국기업 제외, 동일비중 20종목 매수
2. 기간: 10년~20년 투자 (Back test는 2002년~2022년), 반기 리밸런싱
3. 매매 비용 1% 정도 예상

시총	Factor	R-기간	고배당	20년 CAGR
하위 50%	저 PER	반기	○	45.13%

수익률	벤치마크	MDD	샤프 지수	1년 수익률	3년 수익률	5년 수익률	10년 수익률
45.13%	5.42%	-58.9%	1.49	-0.5%	32.66%	22.68%	26.57%

20년 누적수익률: 189,861.35%   20년 벤치마크 누적수익률: 191.12%

[전략 20을 과거에 사용했을 때 최악의 평가 손실 10회]

시작	회복	최악 손실률	회복에 걸린 기간
2007.10.05	2009.05.19	-58.90%	592일
2020.02.18	2020.10.05	-44.23%	230일
2022.05.02	2022.08.01	-25.21%	91일

2018.05.16	2019.02.14	−24.83%	274일
2010.04.26	2010.10.20	−22.80%	177일
2021.09.17	2022.03.31	−20.50%	195일
2019.04.18	2020.01.02	−19.80%	259일
2002.05.20	2002.12.27	−16.62%	221일
2011.04.06	2011.11.07	−16.51%	215일
2005.03.15	2005.07.06	−15.96%	113일

전략 20. 누적수익률 그래프

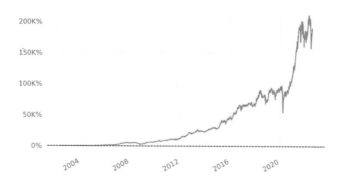

전략 20과 종합주가지수 누적수익률 비교- log Scaled 그래프

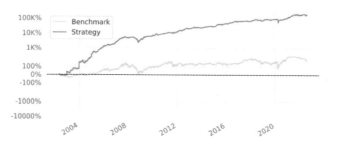

[시가총액 하위 20% 이내 + 저 PEG + 고배당] 종목을 매수하는 전략 (반기 리밸런싱)

[매매조건]

1. 금융주, 지주사, 관리종목, 적자기업, 중국기업 제외, 동일비중 20종 목 매수

2. 기간: 10년~20년 투자 (Back test는 2002년~2022년), 반기 리밸런싱

3. 매매 비용 1% 정도 예상

시총	Factor	R-기간	고배당	20년 CAGR
하위 20%	저 PEG	반기	○	35.8 %

수익률	벤치마크	MDD	샤프 지수	1년 수익률	3년 수익률	5년 수익률	10년 수익률
35.8%	5.4%	-61.23%	1.32	2.56%	60.56%	51.07%	40.27%

20년 누적수익률: 49,174.99%   20년 벤치마크 누적수익률: 190.31%

[전략 21을 과거에 사용했을 때 최악의 평가 손실 10회]

시작	회복	최악 손실률	회복에 걸린 기간
2008.06.10	2015.03.09	-61.23%	2,463일
2020.01.28	2020.07.13	-46.96%	167일
2002.07.10	2004.01.12	-32.14%	551일

2018.06.29	2019.04.02	-26.12%	277일
2022.04.22	2022.08.01	-23.22%	101일
2005.03.07	2005.06.29	-23.07%	114일
2021.07.28	2022.01.05	-21.62%	161일
2017.01.24	2018.01.29	-20.65%	370일
2006.05.15	2006.09.19	-20.03%	127일
2015.07.24	2015.10.14	-17.59%	82일

전략 21. 누적수익률 그래프

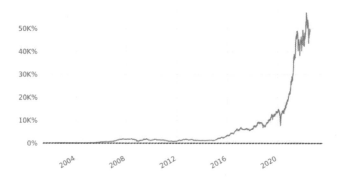

전략 21과 종합주가지수 누적수익률 비교- log Scaled 그래프

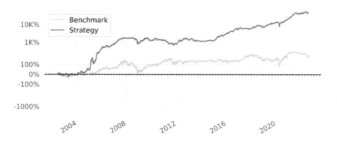

[시가총액 하위 20% 이내 + 저 PER + 저 PBR + 고 GP/A + 고배당] 종목을 매수하는 전략 (반기 리밸런싱)

[매매조건]

1. 금융주, 지주사, 관리종목, 적자기업, 중국기업 제외, 동일비중 20종목 매수
2. 기간: 10년~20년 투자 (Back test는 2002년~2022년), 반기 리밸런싱
3. 매매 비용 1% 정도 예상

시총	Factor	R-기간	고배당	20년 CAGR
하위 20%	저 PER, 저 PBR, 고 GP/A	반기	○	47.23%

수익률	벤치마크	MDD	샤프 지수	1년 수익률	3년 수익률	5년 수익률	10년 수익률
47.23%	5.42%	-57.6%	1.57	-3.45%	27.7%	20.2%	29.54%

20년 누적수익률: 253,588.29%   20년 벤치마크 누적수익률: 191.12%

[전략 22를 과거에 사용했을 때 최악의 평가 손실 10회]

시작	회복	최악 손실률	회복에 걸린 기간
2008.05.13	2009.04.13	-57.60%	335일
2019.04.18	2020.09.10	-40.56%	511일
2022.04.21	2022.08.01	-26.61%	102일

2010.04.21	2011.01.27	−25.48%	281일
2018.05.31	2019.02.11	−23.23%	256일
2021.10.18	2022.03.23	−20.24%	156일
2006.05.16	2006.09.29	−18.24%	136일
2012.09.20	2013.03.06	−17.39%	167일
2015.07.23	2015.10.13	−17.14%	82일
2021.07.08	2021.10.15	−16.80%	99일

전략 22. 누적수익률 그래프

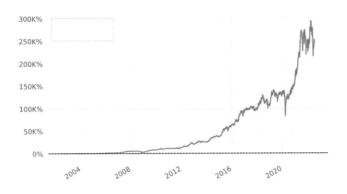

전략 22와 종합주가지수 누적수익률 비교- log Scaled 그래프

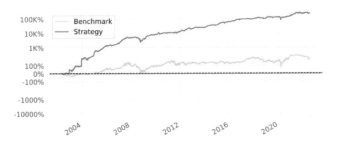

전략 23

[시가총액 하위 20% 이내 + 저 PER + 저 PBR + 고배당] 종목을 매수하는 전략 (반기 리밸런싱)

[매매조건]

1. 금융주, 지주사, 관리종목, 적자기업, 중국기업 제외, 동일비중 20종목 매수
2. 기간: 10년~20년 투자 (Back test는 2002년~2022년), 반기 리밸런싱
3. 매매 비용 1% 정도 예상

시총	Factor	R-기간	고배당	20년 CAGR
하위 20%	저 PER, 저 PBR	반기	○	57.94%

수익률	벤치마크	MDD	샤프 지수	1년 수익률	3년 수익률	5년 수익률	10년 수익률
57.94%	5.42%	-50.79%	1.86	6.46%	57.38%	45.39%	46.15%

20년 누적수익률: 1,052,145.11%   20년 벤치마크 누적수익률: 191.12%

[전략 23을 과거에 사용했을 때 최악의 평가 손실 10회]

시작	회복	최악 손실률	회복에 걸린 기간
2007.10.05	2009.04.22	-50.79%	566일
2020.01.28	2020.07.15	-42.60%	169일
2010.04.21	2011.03.09	-30.34%	322일

2018.07.02	2019.04.02	−25.96%	274일
2011.04.15	2011.11.04	−22.54%	203일
2022.04.22	2022.08.01	−21.97%	101일
2013.04.02	2014.02.25	−20.86%	329일
2021.07.19	2022.01.04	−20.70%	169일
2006.05.16	2006.09.29	−19.14%	136일
2003.01.07	2003.05.23	−17.74%	136일

전략 23. 누적수익률 그래프

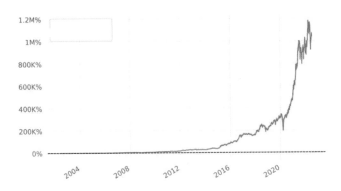

전략 23과 종합주가지수 누적수익률 비교- log Scaled 그래프

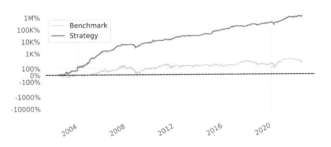

전략 24

[시가총액 하위 20% 이내 + 저 PER + 고 GP/A + 고배당] 종목을 매수하는 전략 (반기 리밸런싱)

[매매조건]

1. 금융주, 지주사, 관리종목, 적자기업, 중국기업 제외, 동일비중 20종목 매수
2. 기간: 10년~20년 투자 (Back test는 2002년~2022년), 반기 리밸런싱
3. 매매 비용 1% 정도 예상

시총	Factor	R-기간	고배당	20년 CAGR
하위 20%	저 PER, 고 GP/A	반기	○	60.74%

수익률	벤치마크	MDD	샤프 지수	1년 수익률	3년 수익률	5년 수익률	10년 수익률
60.74%	5.4%	-55.98%	1.91	7.76%	55.99%	47.21%	60.9%

20년 누적수익률: 1,502,795%   20년 벤치마크 누적수익률: 190.41%

[전략 24를 과거에 사용했을 때 최악의 평가 손실 10회]

시작	회복	최악 손실률	회복에 걸린 기간
2008.06.09	2009.06.22	-55.98%	378일
2020.01.28	2020.06.08	-41.51%	132일
2010.04.02	2011.04.18	-31.09%	381일

2018.06.29	2019.04.12	−25.09%	287일
2022.04.22	2022.08.01	−21.97%	101일
2021.07.19	2022.01.04	−21.48%	169일
2006.05.15	2006.10.27	−20.84%	165일
2015.07.27	2015.10.07	−18.56%	72일
2002.05.20	2002.12.27	−17.46%	221일
2003.01.07	2003.04.16	−16.98%	99일

전략 24. 누적수익률 그래프

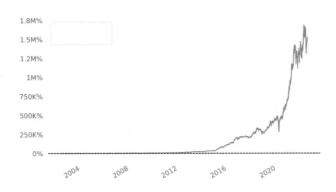

전략 24와 종합주가지수 누적수익률 비교- log Scaled 그래프

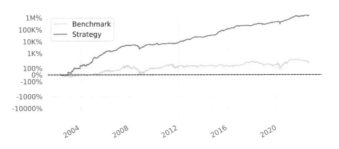

전략 25

[시가총액 하위 20% 이내 + 저 PER + 고 ROE + 고배당] 종목을 매수하는 전략 (반기 리밸런싱)

[매매조건]

1. 금융주, 지주사, 관리종목, 적자기업, 중국기업 제외, 동일비중 20종목 매수
2. 기간: 10년~20년 투자 (Back Test는 2002년~2022년), 반기 리밸런싱
3. 매매 비용 1% 정도 예상

시총	Factor	R-기간	고배당	20년 CAGR
하위 20%	저 PER, 고 ROE	반기	○	56.47%

수익률	벤치마크	MDD	샤프 지수	1년 수익률	3년 수익률	5년 수익률	10년 수익률
56.47%	5.4%	-54.96%	1.83	6.16%	57.11%	43.32%	51.43%

20년 누적수익률: 869,940.72%   20년 벤치마크 누적수익률: 190.03%

[전략 25를 과거에 사용했을 때 최악의 평가 손실 10회]

시작	회복	최악 손실률	회복에 걸린 기간
2008.06.09	2009.05.15	-54.96%	340일
2020.02.12	2020.05.11	-36.57%	89일
2010.04.21	2011.02.21	-29.81%	306일

2018.06.29	2019.04.02	−26.59%	277일
2021.07.19	2022.01.04	−22.36%	169일
2022.04.22	2022.08.01	−21.97%	101일
2016.10.07	2018.02.22	−21.83%	503일
2002.05.29	2002.12.27	−21.05%	212일
2006.05.16	2006.09.20	−19.43%	127일
2005.02.23	2005.06.07	−19.07%	104일

전략 25. 누적수익률 그래프

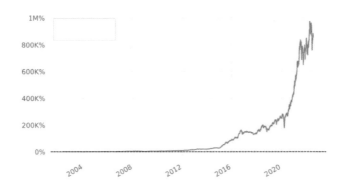

전략 25와 종합주가지수 누적수익률 비교- log Scaled 그래프

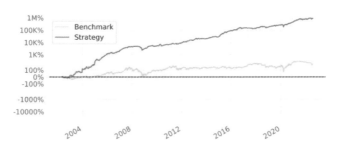

전략 26

[시가총액 하위 20% 이내 + 저 PSR + 고배당] 종목을 매수하는 전략 (분기 리밸런싱)

[매매조건]

1. 금융주, 지주사, 관리종목, 적자기업, 중국기업 제외, 동일비중 20종목 매수
2. 기간: 10년~20년 투자 (Back Test는 2002년~2022년), 분기 리밸런싱
3. 매매 비용 1% 정도 예상

   (월별 혹은 분기별 리밸런싱을 하는 경우 필자가 적어 둔 1%보다 거래비용이 많이 들어 실제 수익률은 크게 하락할 수 있음에 주의하자)

시총	Factor	R-기간	고배당	20년 CAGR
하위 20%	저 PSR	분기	○	50.81%

수익률	벤치마크	MDD	샤프 지수	1년 수익률	3년 수익률	5년 수익률	10년 수익률
50.81%	5.09%	-57.09%	1.77	14.78%	68.02%	51.05%	46.98%

20년 누적수익률: 420,246.71%   20년 벤치마크 누적수익률: 174.22%

[전략 26을 과거에 사용했을 때 최악의 평가 손실 10회]

시작	회복	최악 손실률	회복에 걸린 기간
2007.09.17	2009.07.24	-57.09%	676일

2020.01.28	2020.05.11	−40.50%	104일
2018.09.05	2019.02.19	−27.96%	167일
2002.04.18	2003.06.13	−27.57%	421일
2011.04.06	2011.12.05	−24.69%	243일
2022.06.02	2022.08.01	−24.41%	60일
2017.02.10	2018.04.24	−21.36%	438일
2013.05.30	2014.04.23	−20.81%	328일
2021.07.27	2021.11.15	−20.21%	111일
2010.04.21	2010.09.01	−20.01%	133일

전략 26. 누적수익률 그래프

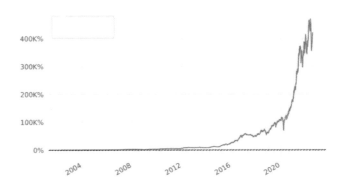

전략 26과 종합주가지수 누적수익률 비교- log Scaled 그래프

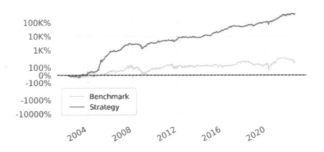

전략 27

[시가총액 하위 20% 이내 + 고 F-Score] 종목을 매수하는 전략 (반기 리밸런싱)

[매매조건]

1. 금융주, 지주사, 관리종목, 적자기업, 중국기업 제외, 동일비중 20종
   목 매수

2. 기간: 10년~20년 투자 (Back Test는 2002년~2022년), 반기 리밸런싱

3. 매매 비용 1% 정도 예상 *고 F-Score 종목 검색은 퀀트 업체 툴을 이
   용해야 함

시총	Factor	R-기간	고배당	20년 CAGR
하위 20%	고 F-Score	반기	×	55.68%

수익률	벤치마크	MDD	샤프 지수	1년 수익률	3년 수익률	5년 수익률	10년 수익률
55.68%	5.42%	-51.21%	1.85	1.6%	50.75%	36.44%	46.66%

20년 누적수익률: 785,118.19%   20년 벤치마크 누적수익률: 191.12%

[전략 27을 과거에 사용했을 때 최악의 평가 손실 10회]

시작	회복	최악 손실률	회복에 걸린 기간
2008.06.09	2009.08.24	-51.21%	441일
2020.01.20	2020.07.20	-45.15%	182일
2006.05.15	2006.10.19	-23.91%	157일

2022.06.07	2022.08.01	−22.41%	55일
2018.09.17	2019.04.09	−22.37%	204일
2010.04.21	2011.01.12	−21.79%	266일
2007.09.18	2008.05.13	−21.75%	238일
2021.08.06	2022.04.04	−21.02%	241일
2003.01.09	2003.04.21	−20.41%	102일
2013.05.23	2014.06.12	−20.23%	385일

전략 27. 누적수익률 그래프

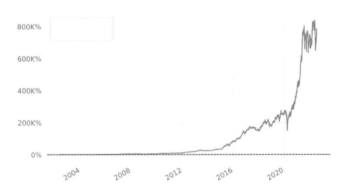

전략 27과 종합주가지수 누적수익률 비교- log Scaled 그래프

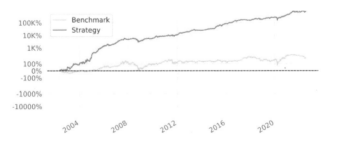

전략 28

[시가총액 하위 20% 이내 + 고 F-Score + 고배당] 종목을 매수하는 전략 (반기 리밸런싱)

[매매조건]

1. 금융주, 지주사, 관리종목, 적자기업, 중국기업 제외, 동일비중 20종 목 매수
2. 기간: 10년~20년 투자 (Back Test는 2002년~2022년), 반기 리밸런싱
3. 매매 비용 1% 정도 예상

시총	Factor	R-기간	고배당	20년 CAGR
하위 20%	고 F-Score	반기	○	54.56%

수익률	벤치마크	MDD	샤프 지수	1년 수익률	3년 수익률	5년 수익률	10년 수익률
54.56%	5.42%	-52.77%	1.72	3.59%	42.61%	32.92%	43.04%

20년 누적수익률: 678,355.35%   20년 벤치마크 누적수익률: 191.12%

[전략 28을 과거에 사용했을 때 최악의 평가 손실 10회]

시작	회복	최악 손실률	회복에 걸린 기간
2007.09.18	2009.04.27	-52.77%	587일
2020.01.20	2020.07.13	-42.48%	175일
2010.04.21	2010.10.20	-24.08%	182일

2022.06.07	2022.08.01	−23.01%	55일
2021.09.17	2022.03.22	−21.17%	186일
2006.05.15	2006.11.01	−20.72%	170일
2003.01.09	2003.04.23	−19.34%	104일
2015.07.03	2015.10.12	−18.82%	101일
2017.04.10	2018.03.12	−17.10%	336일
2011.04.18	2011.12.07	−17.04%	233일

전략 28. 누적수익률 그래프

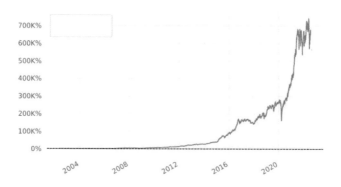

전략 28과 종합주가지수 누적수익률 비교- log Scaled 그래프

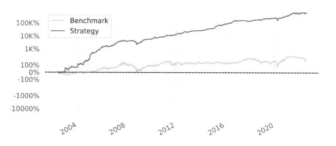

전략 29

[시가총액 하위 20% 이내 + 고 GP/A + 고배당] 종목을 매수하는 전략 (반기 리밸런싱)

[매매조건]

1. 금융주, 지주사, 관리종목, 적자기업, 중국기업 제외, 동일비중 20종목 매수
2. 기간: 10년~20년 투자 (Back Test는 2002년~2022년), 반기 리밸런싱
3. 매매 비용 1% 정도 예상

시총	Factor	R-기간	고배당	20년 CAGR
하위 20%	고 GP/A	반기	○	50.63%

수익률	벤치마크	MDD	샤프 지수	1년 수익률	3년 수익률	5년 수익률	10년 수익률
50.63%	5.42%	-56.02%	1.75	-6.74%	38.45%	25.81%	39.76%

20년 누적수익률: 402,875.90%   20년 벤치마크 누적수익률: 191.12%

[전략 29를 과거에 사용했을 때 최악의 평가 손실 10회]

시작	회복	최악 손실률	회복에 걸린 기간
2008.06.09	2009.05.15	-56.02%	340일
2020.01.17	2020.07.10	-41.50%	175일
2022.04.06	2022.08.01	-30.85%	117일

2002.05.20	2002.12.27	-22.95%	221일
2018.06.08	2019.02.13	-22.59%	250일
2003.01.07	2003.05.28	-22.04%	141일
2010.04.23	2010.11.04	-21.99%	195일
2021.08.09	2022.03.21	-19.86%	224일
2006.04.18	2006.09.14	-19.28%	149일
2011.08.02	2011.10.24	-17.28%	83일

전략 29. 누적수익률 그래프

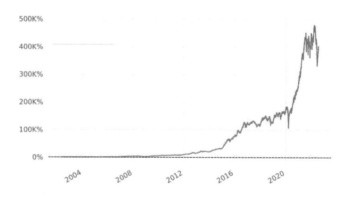

전략 29와 종합주가지수 누적수익률 비교- log Scaled 그래프

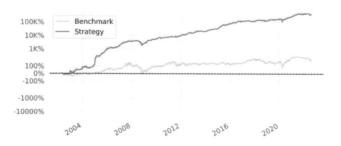

전략 30

[시가총액 하위 20% 이내 + 저 PBR + 고 F-Score + 고배당] 종목을 매수하는 전략 (반기 리밸런싱)

[매매조건]

1. 금융주, 지주사, 관리종목, 적자기업, 중국기업 제외, 동일비중 20종목 매수
2. 기간: 10년~20년 투자 (Back Test는 2002년~2022년), 반기 리밸런싱
3. 매매 비용 1% 정도 예상

시총	Factor	R-기간	고배당	20년 CAGR
하위 20%	저 PBR + 고 F-Score	반기	○	56.4%

수익률	벤치마크	MDD	샤프 지수	1년 수익률	3년 수익률	5년 수익률	10년 수익률
56.4%	5.42%	-50.04%	1.82	7.33%	42.73%	31.59%	39.24%

20년 누적수익률: 862,481.09%   20년 벤치마크 누적수익률: 191.12%

[전략 30을 과거에 사용했을 때 최악의 평가 손실 10회]

시작	회복	최악 손실률	회복에 걸린 기간
2008.06.12	2009.04.10	-50.04%	302일
2020.01.20	2020.07.13	-38.63%	175일
2022.06.07	2022.08.01	-23.97%	55일

2010.04.21	2010.09.27	−23.25%	159일
2021.08.09	2022.03.25	−21.91%	228일
2011.04.18	2012.01.04	−21.79%	261일
2015.07.17	2015.11.18	−21.41%	124일
2006.05.16	2006.11.16	−19.59%	184일
2018.09.18	2019.01.18	−18.40%	122일
2003.01.09	2003.04.24	−17.63%	105일

전략 30. 누적수익률 그래프

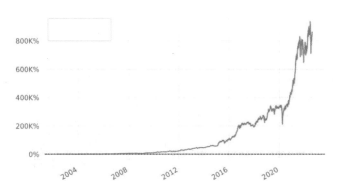

전략 30과 종합주가지수 누적수익률 비교- log Scaled 그래프

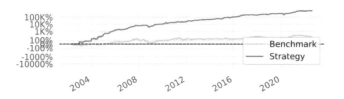

전략 31

[시가총액 하위 30% 이내 + 고 F-Score + 고배당] 종목을 매수하는 전략 (반기 리밸런싱)

[매매조건]

1. 금융주, 지주사, 관리종목, 적자기업, 중국기업 제외, 동일비중 20종 목 매수
2. 기간: 10년~20년 투자 (Back Test는 2002년~2022년), 반기 리밸런싱
3. 매매 비용 1% 정도 예상

시총	Factor	R-기간	고배당	20년 CAGR
하위 30%	고 F-Score	반기	○	49.7%

수익률	벤치마크	MDD	샤프 지수	1년 수익률	3년 수익률	5년 수익률	10년 수익률
49.7%	5.42%	-53.04%	1.65	3.16%	41.69%	29.83%	36.0%

20년 누적수익률: 355,141.92%   20년 벤치마크 누적수익률: 191.12%

[전략 31을 과거에 사용했을 때 최악의 평가 손실 10회]

시작	회복	최악 손실률	회복에 걸린 기간
2007.09.18	2009.05.13	-53.04%	603일
2020.01.20	2020.06.09	-39.83%	141일
2022.06.07	2022.08.01	-22.95%	55일

2010.04.23	2010.10.20	−21.93%	180일
2021.07.19	2022.03.21	−21.38%	245일
2016.10.07	2018.04.19	−20.05%	559일
2006.05.15	2006.09.25	−19.19%	133일
2003.01.09	2003.04.22	−18.77%	103일
2015.07.03	2015.10.14	−18.30%	103일
2019.04.15	2019.11.08	−17.19%	207일

전략 31. 누적수익률 그래프

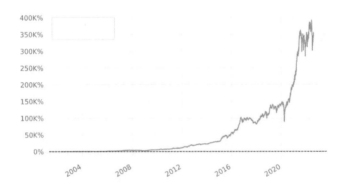

전략 31과 종합주가지수 누적수익률 비교- log Scaled 그래프

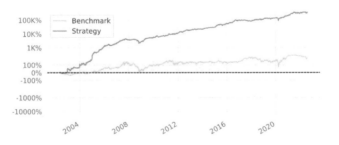

[시가총액 하위 30% 이내 + 저 PER + 저 PBR + 고 F-Score + 고배당] 종목을
매수하는 전략 (반기 리밸런싱)

[매매조건]

1. 금융주, 지주사, 관리종목, 적자기업, 중국기업 제외, 동일비중 20종
   목 매수
2. 기간: 10년~20년 투자 (Back Test는 2002년~2022년), 반기 리밸런싱
3. 매매 비용 1% 정도 예상

시총	Factor	R-기간	고배당	20년 CAGR
하위 30%	저 PER + 저 PBR + 고 F-Score	반기	○	57.51%

수익률	벤치마크	MDD	샤프 지수	1년 수익률	3년 수익률	5년 수익률	10년 수익률
57.51%	5.42%	-49.72%	1.52	10.33%	46.09%	29.13%	33.41%

20년 누적수익률: 995,401.61%   20년 벤치마크 누적수익률: 191.12%

[전략 32를 과거에 사용했을 때 최악의 평가 손실 10회]

시작	회복	최악 손실률	회복에 걸린 기간
2008.07.25	2009.04.06	-49.72%	255일
2020.01.20	2020.07.29	-41.30%	191일
2010.04.21	2010.08.30	-24.23%	131일

2021.08.09	2022.03.31	-23.40%	234일
2022.06.07	2022.08.01	-22.22%	55일
2018.05.15	2019.02.12	-20.87%	273일
2011.04.15	2011.12.12	-18.62%	241일
2019.04.15	2019.12.27	-17.46%	256일
2007.10.11	2008.05.07	-17.30%	209일
2006.05.16	2006.09.29	-17.14%	136일

전략 32. 누적수익률 그래프

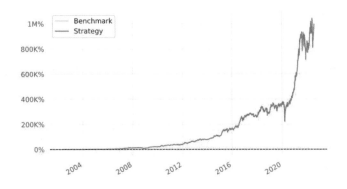

전략 32와 종합주가지수 누적수익률 비교- log Scaled 그래프

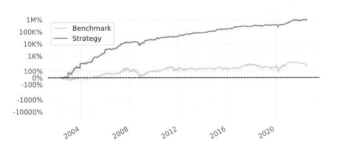

[시가총액 하위 50% 이내 + 고 GP/A + 고배당] 종목을 매수하는 전략 (반기 리밸런싱)

[매매조건]

1. 금융주, 지주사, 관리종목, 적자기업, 중국기업 제외, 동일비중 20종목 매수
2. 기간: 10년~20년 투자 (Back Test는 2002년~2022년), 반기 리밸런싱
3. 매매 비용 1% 정도 예상

시총	Factor	R-기간	고배당	20년 CAGR
하위 50%	고 GP/A	반기	○	44.06%

수익률	벤치마크	MDD	샤프 지수	1년 수익률	3년 수익률	5년 수익률	10년 수익률
44.06%	5.42%	-59.07%	1.6	-13.43%	25.26%	17.86%	28.55%

20년 누적수익률: 163,110.75%   20년 벤치마크 누적수익률: 191.12%

[전략 33을 과거에 사용했을 때 최악의 평가 손실 10회]

시작	회복	최악 손실률	회복에 걸린 기간
2008.05.19	2009.04.16	-59.07%	332일
2020.01.20	2020.05.19	-39.42%	120일
2022.04.21	2022.08.01	-30.09%	102일

2018.06.08	2019.02.14	−23.28%	251일
2002.05.20	2002.12.27	−21.75%	221일
2021.08.06	2022.03.31	−21.31%	237일
2010.04.27	2011.01.07	−20.27%	255일
2006.04.18	2006.09.21	−19.39%	156일
2003.01.07	2003.04.18	−18.23%	101일
2019.06.21	2019.09.20	−17.18%	91일

전략 33. 누적수익률 그래프

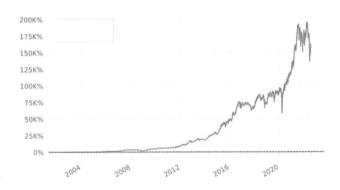

전략 33과 종합주가지수 누적수익률 비교- log Scaled 그래프

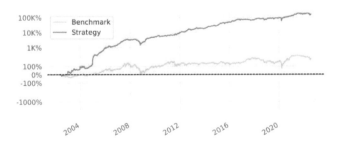

전략 34

[시가총액 하위 50% 이내 + 저 PER + 저 PBR + 고 F-Score + 고배당] 종목을 매수하는 전략 (반기 리밸런싱)

[매매조건]

1. 금융주, 지주사, 관리종목, 적자기업, 중국기업 제외, 동일비중 20종목 매수

2. 기간: 10년~20년 투자 (Back Test는 2002년~2022년), 반기 리밸런싱

3. 매매 비용 1% 정도 예상

시총	Factor	R-기간	고배당	20년 CAGR
하위 50%	저 PER + 저 PBR + 고F-Score	반기	○	56.07%

수익률	벤치마크	MDD	샤프 지수	1년 수익률	3년 수익률	5년 수익률	10년 수익률
56.07%	5.42%	-49.15%	1.6	5.56%	36.66%	24.02%	30.62%

20년 누적수익률: 826,058.66%   20년 벤치마크 누적수익률: 191.12%

[전략 34를 과거에 사용했을 때 최악의 평가 손실 10회]

시작	회복	최악 손실률	회복에 걸린 기간
2008.06.19	2009.04.06	-49.15%	291일
2019.04.16	2020.07.29	-40.61%	470일
2021.07.01	2022.04.20	-23.34%	293일

2018.05.15	2019.02.12	−22.29%	273일
2022.06.07	2022.08.01	−22.25%	55일
2010.04.23	2010.09.27	−21.91%	157일
2011.08.03	2011.12.09	−19.83%	128일
2007.10.11	2008.05.07	−17.47%	209일
2015.08.07	2015.10.07	−17.06%	61일
2002.05.23	2002.08.22	−16.64%	91일

전략 34. 누적수익률 그래프

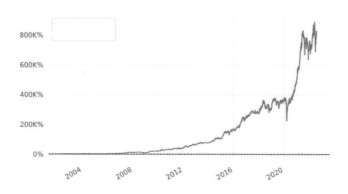

전략 34와 종합주가지수 누적수익률 비교- log Scaled 그래프

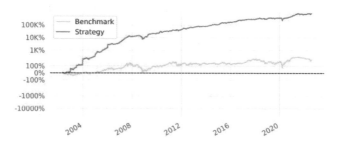

전략 35

[시가총액 하위 50% 이내 + 저 PCR + 저 PSR + 고배당] 종목을 매수하는 전략 (반기 리밸런싱)

[매매조건]

1. 금융주, 지주사, 관리종목, 적자기업, 중국기업 제외, 동일비중 20종목 매수

2. 기간: 10년~20년 투자 (Back Test는 2002년~2022년), 반기 리밸런싱

3. 매매 비용 1% 정도 예상

시총	Factor	R-기간	고배당	20년 CAGR
하위 50%	저 PCR + 저 PSR	반기	○	42.86%

수익률	벤치마크	MDD	샤프 지수	1년 수익률	3년 수익률	5년 수익률	10년 수익률
42.86%	5.42%	-54.26%	1.58	-1.29%	52.75%	35.83%	35.93%

20년 누적수익률: 137,663.02%   20년 벤치마크 누적수익률: 191.12%

[전략 35를 과거에 사용했을 때 최악의 평가 손실 10회]

시작	회복	최악 손실률	회복에 걸린 기간
2007.09.18	2009.05.14	-54.26%	604일
2002.05.29	2003.07.07	-51.21%	404일
2020.02.12	2020.07.15	-43.64%	154일

2010.04.27	2011.12.09	−25.41%	591일
2021.09.17	2022.04.20	−25.22%	215일
2018.06.08	2019.01.18	−23.85%	224일
2022.04.21	2022.08.01	−21.93%	102일
2006.05.15	2006.11.09	−21.50%	178일
2012.10.10	2013.05.23	−20.00%	225일
2019.04.15	2019.09.16	−19.29%	154일

전략 35. 누적수익률 그래프

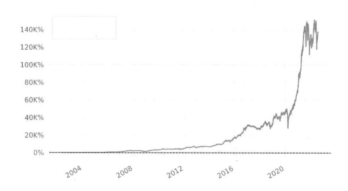

전략 35와 종합주가지수 누적수익률 비교- log Scaled 그래프

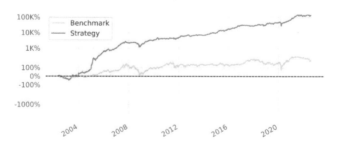

전략 36

[시가총액 하위 50% 이내 + 금융주 포함 + 고배당] 종목을 매수하는 전략 (반기 리밸런싱)

[매매조건]

1. 지주사, 관리종목, 적자기업, 중국기업 제외, 동일비중 20종목 매수
2. 기간: 10년~20년 투자 (Back Test는 2002년~2022년), 반기 리밸런싱
3. 매매 비용 1% 정도 예상

시총	Factor	R-기간	고배당	20년 CAGR
하위 50%	금융주 포함	반기	○	48.58%

수익률	벤치마크	MDD	샤프 지수	1년 수익률	3년 수익률	5년 수익률	10년 수익률
48.58%	5.42%	-51.62%	1.76	4.51%	41.22%	30.45%	37.48%

20년 누적수익률: 304,971.06%   20년 벤치마크 누적수익률: 191.12%

[전략 36을 과거에 사용했을 때 최악의 평가 손실 10회]

시작	회복	최악 손실률	회복에 걸린 기간
2008.06.09	2009.04.09	-51.62%	304일
2020.02.18	2020.07.03	-37.51%	136일
2022.04.05	2022.08.01	-31.26%	118일
2003.01.16	2003.06.27	-24.60%	162일

2018.09.14	2019.02.12	−21.48%	151일
2005.03.16	2005.07.01	−20.44%	107일
2010.04.21	2010.10.18	−20.14%	180일
2006.05.12	2006.09.08	−19.51%	119일
2015.06.25	2015.11.18	−19.24%	146일
2021.07.19	2021.12.29	−17.45%	163일

전략 36. 누적수익률 그래프

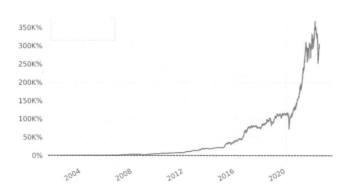

전략 36과 종합주가지수 누적수익률 비교- log Scaled 그래프

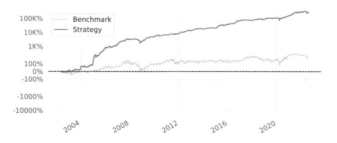

[시가총액 하위 20% 이내 + 저 PER + 저 PBR + 고 ROE + 고배당] 종목을 매수하는 전략 (반기 리밸런싱)

[매매조건]

1. 금융주, 지주사, 관리종목, 적자기업, 중국기업 제외, 동일비중 20종목 매수

2. 기간: 10년~20년 투자 (Back Test는 2002년~2022년), 반기 리밸런싱

3. 매매 비용 1% 정도 예상

시총	Factor	R-기간	고배당	20년 CAGR
하위 20%	저 PER + 저 PBR + 고 ROE	반기	○	47.74%

수익률	벤치마크	MDD	샤프 지수	1년 수익률	3년 수익률	5년 수익률	10년 수익률
47.74%	5.42%	-52.19%	1.62	10.42%	43.02%	26.42%	31.57%

20년 누적수익률: 271,917.94%   20년 벤치마크 누적수익률: 191.12%

[전략 37을 과거에 사용했을 때 최악의 평가 손실 10회]

시작	회복	최악 손실률	회복에 걸린 기간
2008.05.16	2009.07.21	-52.19%	431일
2020.01.28	2020.07.27	-44.76%	181일
2010.04.21	2010.10.19	-28.04%	181일

2021.09.17	2022.04.19	−26.61%	214일
2018.06.08	2019.02.13	−25.65%	250일
2022.04.27	2022.08.01	−25.58%	96일
2019.04.16	2019.11.05	−18.55%	203일
2017.06.19	2018.03.12	−18.01%	266일
2011.04.12	2011.12.08	−17.58%	240일
2007.10.05	2008.05.09	−17.21%	217일

전략 37. 누적수익률 그래프

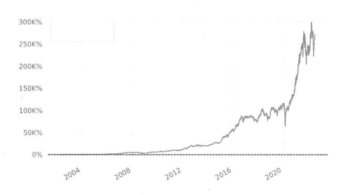

전략 37과 종합주가지수 누적수익률 비교- log Scaled 그래프

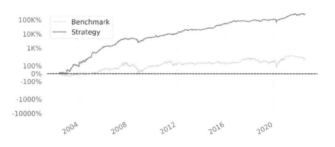

[시가총액 하위 20% 이내 + 저 EV/EBITDA + 저 PBR + 고배당] 종목을 매수하는 전략 (반기 리밸런싱)

[매매조건]
1. 금융주, 지주사, 관리종목, 적자기업, 중국기업 제외, 동일비중 20종목 매수
2. 기간: 10년~20년 투자 (Back Test는 2002년~2022년), 반기 리밸런싱
3. 매매 비용 1% 정도 예상

시총	Factor	R-기간	고배당	20년 CAGR
하위 20%	저 EV/EBITDA + 저 PBR	반기	○	42.32%

수익률	벤치마크	MDD	샤프 지수	1년 수익률	3년 수익률	5년 수익률	10년 수익률
42.32%	5.42%	-54.58%	1.55	12.19%	45.41%	32.8%	31.69%

20년 누적수익률: 127,434.90%   20년 벤치마크 누적수익률: 191.12%

[전략 38을 과거에 사용했을 때 최악의 평가 손실 10회]

시작	회복	최악 손실률	회복에 걸린 기간
2007.09.18	2009.11.12	-54.58%	786일
2019.04.24	2020.07.13	-40.47%	446일
2011.04.15	2012.02.06	-26.08%	297일

2022.05.06	2022.08.01	−24.32%	87일
2021.07.05	2022.03.24	−23.76%	262일
2010.04.20	2010.10.06	−23.12%	169일
2003.01.07	2003.06.27	−22.78%	171일
2012.10.15	2014.06.12	−22.45%	605일
2018.06.22	2019.01.18	−21.02%	210일
2006.05.15	2006.11.17	−20.23%	186일

전략 38. 누적수익률 그래프

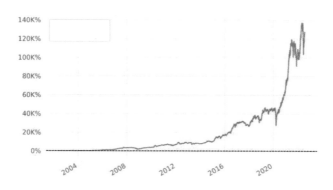

전략 38과 종합주가지수 누적수익률 비교- log Scaled 그래프

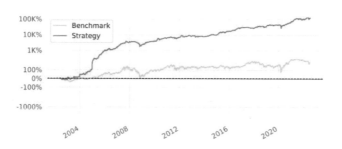

[시가총액 하위 20% 이내 + 저 EV/EBITDA + 고배당] 종목을 매수하는 전략 (반기 리밸런싱)

[매매조건]

1. 금융주, 지주사, 관리종목, 적자기업, 중국기업 제외, 동일비중 20종목 매수
2. 기간: 10년~20년 투자 (Back Test는 2002년~2022년), 반기 리밸런싱
3. 매매 비용 1% 정도 예상

시총	Factor	R-기간	고배당	20년 CAGR
하위 20%	저 EV/EBITDA	반기	○	42.48%

수익률	벤치마크	MDD	샤프 지수	1년 수익률	3년 수익률	5년 수익률	10년 수익률
42.48%	5.42%	-56.1%	1.6	7.21%	43.54%	32.58%	34.2%

20년 누적수익률: 130,352.61%   20년 벤치마크 누적수익률: 191.12%

[전략 39를 과거에 사용했을 때 최악의 평가 손실 10회]

시작	회복	최악 손실률	회복에 걸린 기간
2007.09.18	2009.12.29	-56.10%	833일
2020.02.20	2020.07.08	-39.13%	139일
2003.01.06	2003.07.04	-29.19%	179일

2021.09.17	2022.03.23	−25.38%	187일
2022.05.06	2022.08.01	−24.79%	87일
2006.05.15	2006.09.25	−23.55%	133일
2002.05.20	2003.01.03	−21.02%	228일
2010.04.27	2010.09.08	−19.90%	134일
2011.04.15	2011.12.08	−19.88%	237일
2018.06.22	2019.01.21	−19.46%	213일

전략 39. 누적수익률 그래프

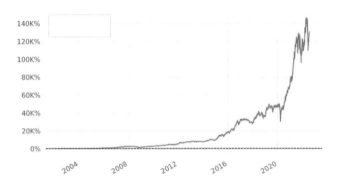

전략 39와 종합주가지수 누적수익률 비교- log Scaled 그래프

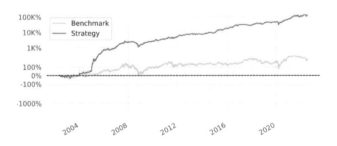

[시가총액 하위 20% 이내 + 저 POR + 저PAR + 고배당] 종목을 매수하는 전략 (반기 리밸런싱)

[매매조건]

1. 금융주, 지주사, 관리종목, 적자기업, 중국기업 제외, 동일비중 20종 목 매수

2. 기간: 10년~20년 투자 (Back Test는 2002년~2022년), 반기 리밸런싱

3. 매매 비용 1% 정도 예상 *저 POR, 저PAR 종목 검색은 퀀트 업체 툴 을 이용해야 함

시총	Factor	R-기간	고배당	20년 CAGR
하위 20%	저 POR + 저 PAR	반기	○	50.45%

수익률	벤치마크	MDD	샤프 지수	1년 수익률	3년 수익률	5년 수익률	10년 수익률
50.45%	5.41%	-51.07%	1.76	4.04%	53.03%	38.7%	40.55%

20년 누적수익률: 394,068.06%　　20년 벤치마크 누적수익률: 191.12%

[전략 40을 과거에 사용했을 때 최악의 평가 손실 10회]

시작	회복	최악 손실률	회복에 걸린 기간
2008.03.10	2009.05.13	-51.07%	429일

2020.02.12	2020.07.15	-40.34%	154일
2010.04.21	2010.11.01	-27.91%	194일
2022.04.27	2022.08.01	-27.25%	96일
2021.07.16	2022.04.05	-25.98%	263일
2011.04.15	2011.12.09	-22.58%	238일
2018.06.26	2019.01.31	-21.50%	219일
2006.05.15	2006.11.01	-20.48%	170일
2002.07.10	2002.12.27	-19.12%	170일
2017.06.07	2018.02.23	-18.43%	261일

전략 40. 누적수익률 그래프

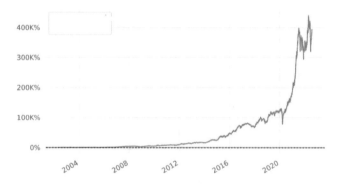

전략 40과 종합주가지수 누적수익률 비교- log Scaled 그래프

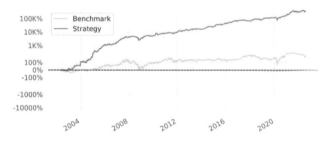

CAGR(연 복리 수익률)을 높일 수 있는 다양한 전략이 있을 수 있으나 연복리 수익률을 높이려고 까다로운 조건으로 검색하다 보니 추출되는 종목이 지나치게 적고 일반투자자들이 쉽게 접할 수 없는 지표는 반드시 퀀트 업체의 툴을 이용해야만 하는 불편함이 있다. 필자가 위에서 제시한 전략들은 보통의 투자자들이 이용하기에 편리한 전략들이며 독자들이 사용하는 HTS에서도 충분히 검색할 수 있는 전략들이다. CAGR(연복리수익률)이 높다는 유혹에 빠져 상당히 복잡한 전략을 사용하지 않아도 즉, 위에서 제시한 전략 중에 일반적으로 알려진 가치지표들의 조합만으로도 인내할 수만 있다면 충분히 부자가 될 수 있다.

(2) 전략 1~40 총정리

투자 Factor와 수익률 Back Test (20종목 수익률) 정리

시총	Factor	R-기간	고배당	20년 CAGR
하위 50%	저 PER, 저 PBR	반기	있음	52.09%
하위 50%	고 GP/A	반기	있음	48.7%
하위 50%	없음	반기	있음	48.5%
상위 50%	금융주 포함	반기	있음	8.72%
하위 20%	1개월 모멘텀	분기	있음	41.82%
하위 20%	없음	1년	있음	45.73%
하위 20%	3개월 모멘텀	반기	있음	51.93%
하위 20%	6개월 모멘텀	1년	있음	41.24%
하위 20%	12개월 모멘텀	1년	있음	52.35%
하위 20%	고 GP/A	1년	있음	61.65%
하위 20%	고 GP/A	반기	있음	64.36%
하위 20%	없음	반기	있음	43.75%
하위 20%	없음	분기	있음	42.3%
하위 20%	영업이익과 순이익이 QOQ, YOY 증가	반기	있음	45%
하위 20%	없음	매월	있음	22.7%
하위 20%	저 PBR	반기	있음	45.29%
하위 20%	저 PBR	분기	있음	44.27%
하위 20%	저 PER, 저 PBR, 저 PCR, 저 PSR	반기	있음	51.82%
하위 20%	저 PCR, 저 PSR	반기	있음	51.15%
하위 20%	저 PCR	반기	있음	49.01%
하위 20%	저 PER	반기	있음	58.53%
하위 50%	저 PER	반기	있음	45.13%

하위 20%	저 PEG	반기	있음	35.8%
하위 20%	저 PER, 저 PBR, 고 GP/A	반기	있음	47.23%
하위 20%	저 PER, 저 PBR	반기	있음	57.94%
하위 20%	저 PER, 고 GP/A	반기	있음	60.74%
하위 20%	저 PER, 고 ROE	반기	있음	56.47%
하위 20%	저 PSR	분기	있음	50.81%
하위 20%	고 F-Score	반기	없음	55.68%
하위 20%	고 F-Score	반기	있음	54.56%
하위 20%	고 GP/A	반기	있음	50.63%
하위 20%	저 PBR, 고 F-score	반기	있음	56.4%
하위 30%	고 F-Score	반기	있음	49.7%
하위 30%	저 PER, 저 PBR, 고 F-Score	반기	있음	57.51%
하위 50%	고 GP/A	반기	있음	44.06%
하위 50%	저 PER, 저 PBR, 고 F-Score	반기	있음	56.07%
하위 50%	저 PCR, 저 PSR	반기	있음	42.86%
하위 50%	금융주 포함	반기	있음	48.58%
×	금융주, 지주사 포함	반기	있음	21.6%
하위 20%	저 PER, 저 PBR, 고 ROE	반기	있음	47.7%
하위 20%	저 EV/EBITDA, 저 PBR	반기	있음	42.3%
하위 20%	저 EV/EBITDA	반기	있음	42.4%
하위 20%	저 PBR, 고 ROE	반기	있음	52.3%
×	고 GP/A	반기	없음	15.5%
×	고 F-score	반기	없음	23.2%
하위 20%	저 POR, 저 PAR	반기	있음	50.45%

1. 금융주, 지주사, 관리종목, 적자기업, 중국기업 제외, 동일비중 20종목 매수

2. 기간: 2002.05.02~2022.08.01 (20년) 매월, 분기, 반기, 혹은 1년 리밸런싱

3. 매매 비용 1% (위에서는 40개 전략을 포함하여 46개 전략의 수익률을 정리하였음)

(3) 전략 1~40을 5종목으로 매매한 Back Test 결과 정리

투자 Factor와 수익률 Back Test (5종목으로 줄였을 때의 수익률)

시총	Factor	R-기간	배당	20년 CAGR
하위 50%	저 PER, 저 PBR	반기	있음	43.7%
하위 50%	고 GP/A	반기	있음	45.7%
하위 50%	없음	반기	있음	48.4%
상위 50%	금융주 포함 (c.f 하위 50% 수익률은 46.5%)	반기	있음	7.4%
하위 20%	1개월 모멘텀	분기	있음	40.7%
하위 20%	없음	1년	있음	47.7%
하위 20%	3개월 모멘텀	반기	있음	38.7%
하위 20%	6개월 모멘텀	1년	있음	35.9%
하위 20%	12개월 모멘텀	1년	있음	41.2%
하위 20%	고 GP/A	1년	있음	50.7%
하위 20%	고 GP/A	반기	있음	53.7%
하위 20%	없음	반기	있음	53.2%
하위 20%	없음	분기	있음	49.5%
하위 20%	영업이익과 순이익이 QOQ, YOY 증가	반기	있음	54.9%
하위 20%	없음	매월	있음	18.8%
하위 20%	저 PBR	반기	있음	63.2%

하위 20%	저 PBR	분기	있음	42.4%
하위 20%	저 PER, 저 PBR, 저 PCR, 저 PSR	반기	있음	54.4%
하위 20%	저 PCR, 저 PSR	반기	있음	55.6%
하위 20%	저 PCR	반기	있음	52.21%
하위 20%	저 PER	반기	있음	64.6%
하위 50%	저 PER	반기	있음	49.71%
하위 20%	저 PEG	반기	있음	43.4%
하위 20%	저 PER, 저 PBR, 고 GP/A	반기	있음	55.5%
하위 20%	저 PER, 저 PBR	반기	있음	60.2%
하위 20%	저 PER, 고 GP/A	반기	있음	64.1%
하위 20%	저 PER, 고 ROE	반기	있음	59.8%
하위 20%	저 PSR	반기	있음	62.25%
하위 20%	고 F-Score	반기	없음	55.8%
하위 20%	고 F-Score	반기	있음	55.7%
하위 20%	고 GP/A	반기	있음	53.7%
하위 20%	저 PBR, 고 F-score	반기	있음	56.4%
하위 30%	고 F-Score	반기	있음	54.1%
하위 30%	저 PER, 저 PBR, 고 F-Score	반기	있음	66.3%
하위 50%	고 GP/A	반기	있음	45.7%
하위 50%	저 PER, 저 PBR, 고 F-Score	반기	있음	58.5%
하위 50%	저 PCR, 저 PSR	반기	있음	46.2%
하위 50%	금융주 포함	반기	있음	46.5%
×	금융주, 지주사 포함	반기	있음	18.3%
하위 20%	저 PER, 저 PBR, 고 ROE	반기	있음	47.8%
하위 20%	저 EV/EBITDA, 저 PBR	반기	있음	51.9%
하위 20%	저 EV/EBITDA	반기	있음	40.8%
하위 20%	저 PBR, 고 ROE	반기	있음	62.1%

×	고 GP/A	반기	없음	21.3%
×	고 F-score	반기	없음	16.3%
하위 20%	저 POR, 저 PAR	반기	있음	41.67%

1. 금융주, 지주사, 관리종목, 적자기업, 중국기업 제외, 동일비중 5종목 매수
2. 기간: 2002.05.02~2022.08.01 (20년) 매월, 분기, 반기, 1년 리밸런싱
3. 매매 비용 1% (위에서는 40개 전략을 포함하여 46개 전략의 수익률을 정리하였음)

(4) 밸류 상승에 역행하는 Factor를 넣은 20종목의 수익률 정리

Factor	수익률 (20년 CAGR)
고 PER	2.19%
고 PBR	-7.54%
고 PCR	19.28%
고 PSR	-1.98%
저 ROE	11.2%
저 GP/A	11.78%
저 F-Score	5.14%
고 EV/EBITDA	4.25%
고 POR	11.76%
고 PAR	-3.41%

1. 시가총액 제한 없음
2. 금융주, 지주사, 관리종목, 적자기업, 중국기업 제외, 동일비중 20종
   목 매수
3. 기간: 2002.05.02~2022.08.01 (20년), 반기 리밸런싱
4. 매매 비용 1%

(5) 그 밖에 필자가 연구하고 있는 기술적 퀀트 투자

지금까지 제시한 전략들은 대개 저평가 우량 Factor들을 이용한 초장기 투자 전략이었지만 필자는 많은 시간의 관찰과 연구를 통하여 아래와 같은 신개념 기술적 퀀트 전략도 충분히 좋은 수익을 낼 것이라는 결론에 이르게 되어 현재 검증 중에 있다. 독자 여러분도 아래의 주제를 참고하여 안전하고 수익률을 제고할 수 있는 투자 전략을 세워 보자.

1) 정치 관련 주 퀀트
2) 52주 신저가 퀀트
3) 우선주 퀀트
4) 품절주 퀀트
5) 재무구조에 이상이 없는 '싼 주가' 종목 퀀트

(6) 마운튼 패턴 중장기 투자 전략

마운튼 패턴이란 월봉의 차트 모양이 산 모양처럼 생겨서 필자가 붙인 이름인데 중장기(수개월에서 2년 정도) 투자 전략으로 아주 유용한 전략이다. 월봉상 산 정상까지 올라갔다가 다시 평지 부근까지 내려온 기업

을 눈여겨보고 분할 매수하였다가 주가가 반등하는 것을 노려 매도하는 전략이다. 아래 마운튼 패턴에 따라 움직였던 종목들의 월봉 차트를 유심히 관찰해 보고 치밀하게 투자 전략을 세워 보자.

1) 마운튼 패턴에 해당하는 종목의 월봉 차트 (바닥 부근까지 폭락 후 월봉의 반등)

①

②

③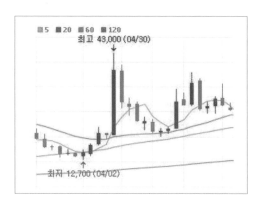

④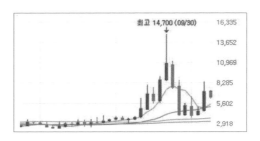

⑤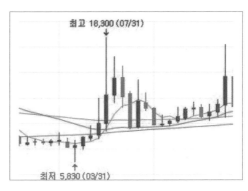

⑥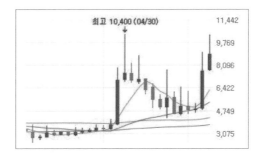

⑦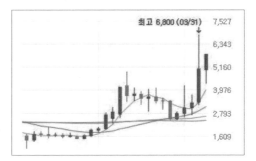

⑧

⑨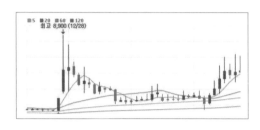

⑩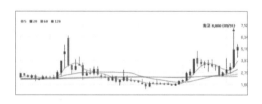

⑪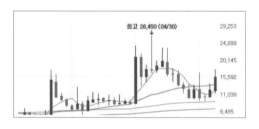

2) 마운튼 패턴 종목 선정요령과 주의사항

① 월봉이 폭등했다가 피보나치 수치인 76.4%~100% 정도까지 폭락한
   종목을 관심 종목으로 등록한다.

② 기업의 재무구조나 이익, 밸류가 양호하고 모멘텀이 다시 살아날 수

있는 종목만 5종목에서 10종목 정도 매수한다.

③ 월봉상 하락 폭의 76.8%부터 100% 사이에서 분할 매수한다. 분할 매수는 하락의 76.8% 지점부터 월별 적립식으로 천천히 진행한다. 장기간 폭락 뒤에 나오는 월봉상 기술적 반등이나 추세적 상승을 노리고 투자 전략을 세운다. (100% 이상 폭락하는 종목도 있다.)

④ 전체 종목의 수익률을 고려하여 각자의 목표수익률에 따라 해당 종목의 추세가 꺾이기 전에 매도한다. 짧은 기술적 반등을 노리고 목표수익률을 30% 이내로 잡아도 된다.

5 배당주 정리

(1) 배당 많이 주는 기업 정리 (2022. 08. 28 기준 시가배당률 5% 이상)

기업명	배당 수익률	3년간 배당 여부
효성티앤씨	15.8%	○
이크레더블	15.59%	○
한국금융지주우	11.17%	○
NH투자증권우	11.03%	○
동양생명	11.03%	○
삼성증권	11.01%	○
금호석유우	10.82%	○
한국금융지주	10.51%	○
NH투자증권	10.50%	○

대신증권우	10.07%	○
대신증권2우B	10.04%	○
DB금융투자	9.96%	○
리드코프	9.49%	○
금호건설	9.26%	○
이베스트투자	9.20%	○
대신증권	8.97%	○
HD현대	8.88%	○
한양증권	8.87%	○
효성	8.63%	○
DGB 금융지주	8.42%	○
세아베스틸지주	8.31%	○
동부건설	8.30%	○
BNK금융지주	8.26%	○
부국증권우	8.19%	○
크레버스	8.08%	○
기업은행	8.02%	○
동아타이어	7.97%	○
하나금융지주	7.94%	○
교보증권	7.89%	○
JB금융지주	7.85%	○
현대차증권	7.69%	○
미래에셋증권2우B	7.67%	○
금호석유	7.61%	○
씨앤투스성진	7.58%	3년간 지속 배당 아님
유안타증권우	7.54%	3년간 지속 배당 아님
삼성화재우	7.50%	○
한국쉘석유	7.47%	○

코리아에셋투자증권	7.43%	○
제이엠멀티	7.35%	3년간 지속 배당 아님
우리금융지주	7.32%	3년간 지속 배당 아님
삼성카드	7.26%	○
부국증권	7.19%	○
신영증권	7.14%	○
신영증권우	7.11%	○
삼양옵틱스	7.03%	○
미래에셋증권우	6.99%	○
정상제이엘에스	6.95%	○
에이피티씨	6.84%	3년간 지속 배당 아님
POSCO홀딩스	6.83%	○
푸른저축은행	6.53%	○
예스코홀딩스	6.47%	○
쌍용 C&E	6.34%	○
화성산업	6.33%	○
한화투자증권	6.31%	3년간 지속 배당 아님
유안타증권	6.30%	3년간 지속 배당 아님
코리안리	6.26%	○
삼성화재	6.11%	○
세아특수강	6.11%	○
한국자산신탁	6.09%	○
롯데하이마트	6.08%	○
한국토지신탁	6.04%	○
유수홀딩스	6.02%	3년간 지속 배당 아님
S&K폴리텍	6.00%	3년간 지속 배당 아님
경동제약	5.97%	○
한국가스공사	5.94%	3년간 지속 배당 아님

에이티넘인베스트먼트	5.93%	○
맥쿼리인프라	5.92%	○
파커스	5.92%	○
KB금융	5.87%	○
SK케미컬우	5.84%	○
지투알	5.81%	○
KT&G	5.81%	○
아이마켓코리아	5.80%	○
서원인텍	5.78%	○
조선내화	5.78%	○
DB손해보험	5.78%	○
현대차3우B	5.76%	○
애경케미칼	5.75%	○
S-Oil우	5.75%	○
SJM홀딩스	5.75%	○
한양증권우	5.71%	○
GS우	5.68%	○
에스에이엠티	5.63%	○
LX세미콘	5.57%	○
현대차2우B	5.55%	○
현대차우	5.55%	○
KPX케미칼	5.53%	○
유화증권우	5.51%	○
LX인터내셔널	5.44%	○
삼현철강	5.43%	○
신한지주	5.39%	○
서호전기	5.39%	○
유화증권	5.36%	○

다올투자증권	5.31%	○
이라이콤	5.31%	○
미투젠	5.26%	3년간 지속 배당 아님
태영건설	5.26%	○
메가스터디	5.26%	○
HDC랩스	5.20%	○
SK텔레콤	5.18%	○
삼양패키징	5.18%	○
피씨디렉트	5.17%	○
씨유테크	5.16%	3년간 지속 배당 아님
한라홀딩스	5.15%	○
광주신세계	5.14%	○
텔코웨어	5.11%	○
삼양홀딩스우	5.10%	○
한화3우B	5.05%	○
KT	5.02%	○
웅진씽크빅	5.01%	3년간 지속 배당 아님
SK디스커버리우	5.01%	○
한일현대시멘트	5.00%	○

※ 배당 수익률은 기업의 실적이나 경영상황에 따라 매년 변하므로 반 드시 배당하는 연도의 기업 실적이나 경영상황을 확인할 것.

(2) 배당주 투자할 때 주의할 점

1) 최대 주주 지분율이 높은 것이 좋다.

2) 고평가된 종목은 매수하지 않는다.

3) 올해도 고배당을 줄 수 있는지 실적을 확인한다.

4) 3년간 배당 추이를 확인하여 꾸준히 배당을 주는지 확인한다.

5) 재무 안정성 및 현금흐름을 확인한다.

6) 오너가 가진 리스크는 없는지 확인한다.

7) 다음에 등장하는 표에서 조건별 수익률을 비교해 보고 가장 효율이 높은 배당 투자전략을 실행한다.

[배당주에 투자했을 때 조건별 20년간 수익률 비교] (2002년~2022년, 20종목 매수)

수익률	시가총액	5대 섹터 제거 여부	리밸런싱 기간
18.53%	상관없음	제거하지 않음	반기
25.23%	50% 이하	제거하지 않음	반기
34.81%	20% 이하	제거하지 않음	반기
23.10%	상관없음	제거	반기
27.19%	50% 이하	제거	반기
37.31%	20% 이하	제거	반기

5대 섹터: 금융회사, 지주사, 적자기업, 관리종목, 중국기업

Super Rich
실전 주식투자전략

ⓒ 황용(NYET, Daniel Hwang), 2022

초판 1쇄 발행 2022년 11월 28일

지은이   황용(NYET, Daniel Hwang)
펴낸이   이기봉
편집   좋은땅 편집팀
펴낸곳   도서출판 좋은땅
주소   서울특별시 마포구 양화로12길 26 지월드빌딩 (서교동 395-7)
전화   02)374-8616~7
팩스   02)374-8614
이메일   gworldbook@naver.com
홈페이지 www.g-world.co.kr

ISBN   979-11-388-1440-9 (03320)